编 辑 部

主　编：田士永

副主编：李慧敏

编　辑：刘坤轮　尹　超　王超奕　柯勇敏

联系方式

地　址：北京市海淀区西土城路25号，100088

　　　　中国政法大学 法学教育研究与评估中心

　　　　《中国政法大学教育文选》编辑部

电　话：010-58908099

邮　箱：lihuimin99@sina.com

中国政法大学教育文选

（第32辑）

田士永◎主编　　李慧敏◎副主编

中国政法大学出版社

2022 · 北京

图书在版编目（ＣＩＰ）数据

中国政法大学教育文选. 第32辑/田士永主编. —北京：中国政法大学出版社，2022.11
ISBN 978-7-5764-0754-9

Ⅰ.①中⋯　Ⅱ.①田⋯　Ⅲ.①高等学校－教育研究－文集　Ⅳ.①G642.0-53

中国版本图书馆CIP数据核字(2022)第252416号

出 版 者　　中国政法大学出版社

地　　址　　北京市海淀区西土城路 25 号

邮寄地址　　北京 100088 信箱 8034 分箱　邮编 100088

网　　址　　http://www.cuplpress.com (网络实名：中国政法大学出版社)

电　　话　　010-58908289(编辑部) 58908334(邮购部)

承　　印　　北京九州迅驰传媒文化有限公司

开　　本　　720mm×960mm　1/16

印　　张　　12.25

字　　数　　190 千字

版　　次　　2022 年 11 月第 1 版

印　　次　　2022 年 11 月第 1 次印刷

定　　价　　59.00 元

目 录

CONTENTS

教育模式

Jiao Yu Mo Shi

新文科时代涉外民商事法律人才培养问题研究[*]

一、引言

习近平总书记强调，"要坚持统筹推进国内法治和涉外法治"，以更好维护国家主权、安全、发展利益。目前，中国经济已经深入融合到全球经济中，我国已经成长为全球最大的贸易国，世界主要的吸引外资国与对外投资国，我国在参与全球经济治理体系，推动构建人类命运共同体中发挥着日益重要的作用。因此，涉外民商事法律人才的培养愈发重要。但是我国涉外民商事法律人才的供给未能满足现实需求，我国涉外民商事法律人才的数量、质量、结构均有很大的提升空间。

2018 年 8 月，中共中央在全国教育大会前提出"高等教育努力发展新工科、新医科、新农科、新文科"（简称"四新"建设工程）。2019 年 4 月，教育部、科技部、财政部等部门联合召开"六卓越一拔尖"计划 2.0 启动大会，正式开启"四新"建设工程。2021 年 11 月 2 日，教育部公布首批认定的 1011 个新文科研究与改革实践项目，标志着新文科建设跨出实际操作的一步。新

---

*   中国政法大学科研创新项目资助（21FG82008）。
** 李大朋，中国政法大学国际法学院讲师。

文科建设的主要特点在于多学科的交叉融合，而涉外民商事法律事务也恰恰要求多领域的交叉融合，包括语言、法律、人文社科其他领域的交叉融合。因此，新文科建设的基本理念和具体方法，可以为涉外民商事法律人才培养确立目标与路径，以培养出"通晓国际法律规则、善于处理涉外法律事务"涉外民商事法律人才，服务我国新时代进一步扩大开放、参与全球经济治理体系的战略需求。因此，本文旨在新文科建设背景下，探讨涉外民商事法律人才培养的突出问题、目标定位以及对策建议。

二、涉外民商事法律人才培养的突出问题

改革开放以来，为满足国家对外开放、融入世界经济体系的要求，我国培养了一批具有国际视野、通晓国际规则、能够参与国际法律事务的涉外法治人才。但是长期以来我国涉外民商事法律人才培养一直存在着供给不足的问题，无法满足我国参与涉外民商事法律实务的需求，包括涉外民商事法律人才数量不足、质量不高以及人才队伍结构畸形等。一些实务界人士对我国法学教育中理论与实践脱节问题深感担忧。

我国涉外民商事法律人才培养供给不足问题，除了传统重视程度不够外，更是源于我国当前分学科培养模式的弊端。根据国务院学位委员会与教育部印发的《学位授予和人才培养学科目录（2011 年）》，可以授予学位的包括哲学、经济学、法学、文学等 13 个学科门类，在每一个学科门类下设置一级学科和二级学科。例如，在法学门类中下设法学、政治学、社会学等六个一级学科，而在法学一级法学中下设法学理论、法律史、民商法学、诉讼法学、经济法学、国际法学等十个二级学科。学科建设与人才培养围绕着不同社科门类分别进行。然而涉外民商事法律事务所涉及的语言、法律、金融、管理等领域的知识，广泛散布于不同的学科中，这就给涉外民商事法律人才的培养带来了困难。

（一）无法满足复合型知识培养需求

这种分学科培养模式无法满足涉外民商事法律人才对掌握复合型知识的要求。以涉外工程法律事务为例，从学科门类看，涉外工程领域涉及文学、法学、工学、管理学等；从一级学科角度看，涉外工程领域涉及法学

门类中法学一级学科，工学门类中的建筑学、土木工程、水利工程等一级学科，管理学门类中管理科学与工程一级学科；从二级学科角度看，涉外工程涉及的二级学科范围更为广泛，仅以在法学一级学科的二级学科为例，包括民商法学、诉讼法学、国际法学等二级学科。因此，一个合格的涉外工程法律人才需要掌握的基本知识储备分散在大量不同的学科中，这对目前的学科建设与人才培养体系是一个巨大的挑战。

（二）无法聚焦关键性知识

这种分学科的培养模式也存在着培养的错位，无法聚焦涉外民商事法律人才所要掌握的关键知识。首先，将涉外法治人才培养等错误同于国际法教学，仅仅在国际私法或国际经济法中强调涉外民商事法律人才的培养。事实上，涉外法律的内涵远远大于国际法，其中既包括国际法，也体现为国别法。但是目前的教学体系中，国别法教学分散在众多部门法中，知识体系边缘化。其次，忽略法律与语言的融合教学，例如法律英语与英美法构成了涉外民商事法律体系的重要内容，但是在目前国内的学科体系中，法律英语教学作为英语教学的一部分，而英美法教学分散在相关国内众多部门法教学中，教学资源分散，极易受到忽略。

（三）忽略对人文社科基本价值观与方法论的培养

可以说，通过正确的逻辑推理，对特定的法律事实进行价值判断，这是任何法学人才必备的基本素质。且相较于国内法事务而言，涉外民商事法律关系的法律适用往往更为错综复杂，在法律事实中，面临着多样化法律渊源，涉外法治人才更是要求具备高超的逻辑推理能力与清晰的价值判断能力。但分学科培养模式对人文社科基本价值观与方法论的培养重视不够。目前，对人文社科基本价值观与方法论的培养主要集中在哲学门类与一级学科中，包括了马克思主义哲学、中国哲学、外国哲学、逻辑学等二级学科。而法学教育则涉及不多，主要在法理学中进行讲授。尽管一些部门法也在总则中涉及基本价值观与方法论的教学，但是无论是深度还是广度，都远远不够。笔者曾接触一些外语与法律都非常优秀的学生，但是在毕业后从事涉外民商事法律事务时，一些学生往往发现自己很难适应，进而不得不放弃这一行业。究其原因则在于未能掌握和运用人文社科基本价值观与方法论。例如，在写作法律文书时，连最基本的"三段论"推理都极为混乱。

（四）与涉外民商事法律培养相关的资料匮乏

尽管涉外民商事法律事务可能涉及海量的资料与信息，但是这些资料与信息也仅为小范围内一线人员所掌握，无法被外界所获取。并且在分学科培养模式下，教学资源的整理与收集也仅是在本学科内进行的，这进一步加剧了教学资料匮乏问题，从而产生以下两方面问题：一方面，教学与实践脱节，教学无法体现实践的真实需求；另一方面，从事涉外民商事法律事务门槛高，无形中建构起一道业务围墙，导致涉外民商事法律人才培养非常困难且过程漫长。

三、涉外民商事法律人才培养的目标定位

中世纪法学教育与大学教育融合伊始，理论与实务界就对于法学教育的目的存在争议，即法学教育的目的是在于理论传承，还是学以致用？[1] 本文不准备介入这一争论，仅从涉外民商事法律人才培养角度看法学教育的目标定位问题。2011年《教育部、中央政法委员会关于实施卓越法律人才教育培养计划的若干意见》提出，培养"具有国际视野、通晓国际规则，能够参与国际法律事务和维护国家利益"的涉外法律人才。为全面贯彻落实党的十八届四中全会精神，根据《中共中央关于全面推进依法治国若干重大问题的决定》对涉外法治人才培养的要求是"通晓国际法律规则、善于处理涉外法律事务"。可见，涉外民商事法律人才为通晓涉外民商事法律规则，善于处理涉外民商事法律事务的人才，强调的是学以致用。

全面理解我国涉外民商事法律人才培养的目标定位，需要对其对象——涉外民商事法律事务进行深入了解，才能以此为标靶，有的放矢。涉外民商事法律事务范围比较宽泛，可以大致区分为非诉业务与争议解决两个方面，前者包括国际贸易、国际金融、国际运输、国际投资、国际税

---

[1]　彭中礼、王亮：《新文科时代法学教育的使命与坚守》，载《法学教育研究》2021年第2期。

务等，后者包括涉外诉讼、仲裁、调解等。涉外民商事法律事务处理的对象是涉外民商事法律关系，需满足以下两个条件：首先，这是民商事法律关系，为国内民法调整范围内的事项，即平等主体之间的人身关系和财产关系。其次，这种民商事法律关系具有涉外性。根据《最高人民法院关于适用〈中华人民共和国涉外民事关系法律适用法〉若干问题的解释（一）》第1条，[1]以及《最高人民法院关于适用〈中华人民共和国民事诉讼法〉的解释》（2022 修正）第 520 条，[2]首先，只要民商事关系的主体、客体或内容有一个或一个以上的因素与外国有联系，该民商事法律关系就具有涉外性。其次，还存在"可以认定为涉外民商事法律关系的其他情况"。本文认为，凡与本国法以外的某种法律体系发生联系，就应当满足涉外性的条件。一般来说，涉外民商事法律事务具有以下四个"融合交叉"的鲜明特征。

（一）多种语言的融合交叉

涉外民商事法律事务往往涉及两种或两种以上语言，其中英语占据主导地位。涉外民商事法律事务的参与方往往来自不同的国家，可能具有不同的语言、文化与习俗。一方面，语言是这些参与方得以顺利沟通的桥梁与媒介。另一方面，涉外民商事法律事务的交易当事人多具有的迥异文化与习俗，也可能在无形中影响着当事人对交易的理解，而语言不仅仅是当事人交流沟通的桥梁，也是理解当事人背后不同文化、习俗的载体，并且也只有通过对语言的学习，才能第一手接触并理解这些知识。因此，熟练掌握一门外语是处理涉外民商事法律事务不可或缺的基本素质，是涉外法治人才培养的起点。而在诸多外语中，英语由于其国际通用语言的地位，

---

〔1〕《最高人民法院关于适用〈中华人民共和国涉外民事关系法律适用法〉若干问题的解释（一）》第1条，民事关系具有下列情形之一的，人民法院可以认定为涉外民事关系：①当事人一方或双方是外国公民、外国法人或者其他组织、无国籍人；②当事人一方或双方的经常居所地在中华人民共和国领域外；③标的物在中华人民共和国领域外；④产生、变更或者消灭民事关系的法律事实发生在中华人民共和国领域外；⑤可以认定为涉外民事关系的其他情形。

〔2〕《最高人民法院关于适用〈中华人民共和国民事诉讼法〉的解释》（2022 修正）第 520 条，有下列情形之一，人民法院可以认定为涉外民事案件：①当事人一方或者双方是外国人、无国籍人、外国企业或者组织的；②当事人一方或者双方的经常居所地在中华人民共和国领域外的；③标的物在中华人民共和国领域外的；④产生、变更或者消灭民事关系的法律事实发生在中华人民共和国领域外的；⑤可以认定为涉外民事案件的其他情形。

以及英美法在涉外民商事法律事务中的主导地位，因此在众多外语中更具重要地位。

（二）法学内部的融合交叉

这种法学内部的融合交叉既包括国际法与国内法，也包括多国法律之间。一方面，以调整民商事权利义务为内容的民商事条约、惯例等大量存在，且广泛渗透到涉外民商事法律事务中。另一方面，涉外民商事法律事务往往涉及两个或两个以上国家法律，在同一个涉外民商事法律事务上，往往存在着多国立法管辖权的重合，因此可能适用到多个国家的法律。值得注意的是，当前的涉外民商事法律体系具有很深的英美法烙印，一方面，工业革命后的英国与美国一直占据着国际社会的主导地位，伴随着经济与政治实力的扩张，其国内法律也影响到了全球；另一方面，在众多英美法背景的仲裁机构、中介机构、咨询机构、律师推波助澜下，英美法也通过争议解决、中介、咨询等法律服务不断渗透、塑造涉外民商事法律体系，特别是英美合同法与证据法。可以说，经过数百年的演变，国际社会逐渐形成了以英美法主导，全球相对"统一化"的国际民商事法律体系。

（三）语言、法学与其他学科的融合交叉

其他学科对涉外民商事法律事务的影响体现在行业与商事惯例上，因为这些行业与商事惯例本身并非来源于法律，而根植于经济、金融、管理等其他学科。一方面，很多涉外民商事法律制度起源于行业与商事惯例，例如提单制度、共同海损制度、独立保函制度等。另一方面，行业与商事惯例也支撑着整个涉外民商事法律交易，对涉外民商事法律的理解需要建立在对行业与商事惯例正确理解的基础上。以涉外工程法律事务为例，仅仅理解涉外工程合同本身是远远不够的，还需要掌握源于工程管理学的工程惯例，因为这构成涉外工程法律体系基础，支撑着涉外工程法律最基本的原则与基础。

（四）人文社科领域整体交叉融合

尤为重要的是，支撑着不同背景的人们进行民商事交往，除了法律制度外，更深层次的基础是人类共同的价值观与思维方式，这就涉及整个人文社科领域的交叉融合。从广义上看，人文社科是以人类社会、人的精神与意义为研究对象的学科体系，这些知识体系均遵循基本的价值观与方法论，无论处于何种文化、风俗、习惯、语言、法律等背景，人类社会的基本价值观与方法论是共通的。从法律角度看，价值观主要聚焦为对合法性与正当性的判断，而方法论则体现为论证逻辑与方法，包括演绎、归纳、类比等，通过使用合理的方法论使得价值判断变得可以理解。[1]例如，对于"合同"这一基本的法学概念，一个英国人与一个中国人或者一个阿拉伯人的理解可能是不同的，这除了法律层面的原因外，究其根源还在于各自不同的文化、风俗、习惯、语言等人文背景。但是，即便他们对于"合同"的理解不同，他们对平等主体之间如何"善意"履行合同的理解是相通的，因为"善意"反映了人类社会最基本的价值判断，并在对这一履约行为进行价值判断时，均会遵循基本的论证逻辑与方法。

涉外民商事法律事务的特点，决定了涉外民商事法律人才培养的目标定位。涉外民商事法律事务要求人文社科领域各层级的融合交叉，包括语言、法律、以及两者与人文社科其他学科的基本价值观与方法论的融合交叉。因此，涉外民商事法律人才培养的目标定位建立这种交叉融合的基础上，以培养一种真正的高端的复合型法治人才。

四、涉外民商事法律人才培养的对策建议

为了弥补涉外民商事法律人才培养突出问题与目标定位之间的鸿沟，需要对我国法学人才培养模式进行针对性变革，即在目前法学教育资源已有存量的基础上，通过针对性变革，满足涉外民商事法律人才培养的需求，而新文科建设为这一变革提供了方向与路径。

从 2018 年起，新文科建设从提出、启动到实际操作，在人文社会科学领域进行了学科建设与人才培养新概念与新路径的积极探索。新文科的目标是为了适应新时代哲学社会科学发展的新要求，推进哲学社会科学与新一轮科技革命和产业变革交叉融合。[2]新文科建设的主要途径为突破传统

---

〔1〕 ［德］卡尔·拉伦茨：《法学方法论》，陈爱娥译，商务印书馆 2016 年版，第 103 页。

〔2〕 《教育部 2019 年新春系列发布会》，载教育部网站，http://www.moe.gov.cn/fbh/live/2019/50340/twwd/201902/t20190226_371310.html，最后访问日期：2022 年 2 月 20 日。

文科的思维模式，通过继承与创新、交叉和融合、协同与共享，促进多学科交叉与深度融合，推动传统文科的更新升级。[1]在具体方法论上，新文科建设强调融合性，旨在推进哲学社会科学与新一轮科技革命和产业革命交叉融合，涵盖多学科的交叉、融合、渗透或扩展。

对于涉外民商事法律人才培养而言，一方面，人文社科是一个非常庞大的学科体系，要求培养对象全部掌握人文社科的所有领域是不可能的，并在比较的视野下，要求其掌握各国差异的人文社科知识，更是不可能。另一方面，从涉外民商事法律事务本身来说，其内部也是千差万别的，不同业务领域所要求的知识储备是截然不同的。例如，涉外海商海事业务与涉外金融业务要求从业人员所具备的知识储备是不同的。简言之，全面培养人文社科各领域既不具有可行性，也无必要。因此，这种交叉与融合不能仅停留在横向学科表面，而需要进一步在培养理念、培养方法、培养内容等方面进行学科的实质性交叉与融合。

结合新文科建设的目标定位与具体路径，就涉外民商事法律人才培养的对策建议，本文建议实现以下四个"转向"。

（一）从学科导向转向需求导向

目前涉外民商事法律人才的培养仍然是一种学科导向的培养模式。这种培养模式的特点根据学科自身的领域与范式，对学生进行分类培养，而学科自身的领域与范式取决于该学科的学术逻辑，简言之，学科导向的人才培养模式遵循的是学科内的学术逻辑。[2]从研究层面，学术逻辑便于确定学术共同体内部的研究领域与研究范式，便利学术研究与知识传授，但是从教学层面，这种培养模式属于一种无差别的流水线式培养模式。因此，在面临复杂的社会实践时，可能呈现出适应性不足的问题。可以说，学术逻辑与社会需求逻辑之间的差距，导致了教学与实践的割裂。因此，

---

〔1〕《高校"新文科"建设：概念与行动》，载全国哲学社会科学工作办公室网站，https://baike.baidu.com/reference/23137059/e912RHCLpTwzkQkHuxYmCRHXDm5yImytwK-qfiEUToEhmccnDljRw3M8Eiyst5T23F88un99334gIP8x86xmnlUWIIN1W0gyONXCoz7oN0Tb7_Vpe175hhB5DQ，最后访问日期：2020年2月20日。

〔2〕李立国、张海生：《"双一流"学科建设与社会需求的反差现象及评价的逻辑转向》，载《大学教育科学》2022年第1期。

培养合格的涉外民商事法律人才，必须转变培养思路，从传统学科导向转向需求导向，根据需求决定培养的方向与内容。

具体而言，需要在已有学科建设的基础上，打破学科之间的藩篱，根据国家战略需求和市场需求，将涉外民商事法律事务进行类型化，明确国际与社会的现实需求，并据此根据各相关学科的内在逻辑探索培养内容与方向，建构相关的交叉学科，针对特定的领域进行人才培养。例如，共建"一带一路"倡议是我国当前重大的对外战略，而在共建"一带一路"倡议中，实现基础设施的互联互通是关键，其中海外工程业务是最主要的经济合作方式。因此，涉外工程法的重要性就开始显现。但是我国目前教育体系中，涉外工程法仅仅作为工程项目管理的一部分进行教学，无论是培养的深度与广度都存在着严重不足，导致我国涉外工程法人才严重不足。故而，有必要针对涉外工程法律事务，进行学科教学资源的整合，集中教学资源，以培养通晓涉外工程法规则，善于涉外处理工程事务的人才，服务国家重大对外战略。

（二）从分类培养转向系统培养

目前法学教育仍是以学科为基础进行分类培养，但是法学本质上是实践学科，需要直面现实问题。由于问题本身以及解决问题的条件不是按照学科的边界进行划定的，待解决的问题具有综合性和模糊性，要求学科之间具备高度的交叉融合性，[1]涉外民商事法律事务更是如此。因此，合格的法学教育还需要以问题导向组织不同学科的教学资源，涉外民商事法律人才的培养需要从分类培养模式转向系统培养模式。

学科的交叉融合不是多门学科知识的简单拼凑，而是基于社会需求从学科内在的逻辑结构中形成交叉融合。[2]涉外民商事法律人才培养并非仅仅对语言、法律能力的培养，而是在各学科内部融合的基础上的系统培养。结合涉外民商事法律人才培养的目标定位，系统性培养应注重以下几

---

〔1〕 李立国：《"双一流"背景下需求导向的学科专业调整优化》，载《大学教育科学》2017年第4期。

〔2〕 李立国、张海生：《"双一流"学科建设与社会需求的反差现象及评价的逻辑转向》，载《大学教育科学》2022年第1期。

个方面：①注重外语，特别是对英语的教学，另外，考虑到法律英语的重要性，建议考虑单独开设学科，作为涉外民商事法律人才培养的重要内容；②注重国际法与比较法的教学，在比较法中需要特别注重英美法的教学，包括对英美法基本知识与论证方式的教学；③注重法律与其他学科的融合，特别是行业内基本知识的学习与理解。本文认为，涉外法律民商事法律人才的系统培养应以语言教学为依托，融合法学教学，在此基础上，有针对性开展相关行业内基本知识的教学。

（三）从以知识传授为核心转向以思维方式培养为核心

与国内民商事法律事务不同，涉外民商事法律事务可能涉及多种法律渊源，包括国内法、国际条约、商事惯例、学说等，并且多在不熟悉的法律领域内解释与适用法律。因此，涉外民商事法律事务通常先有"立场"，然后围绕着"立场"，整理法律事实，并寻找法律渊源进行论证，法律的发现与证成过程更为复杂。[1]因此，在涉外民商事法律事务中，正确的思维方式至关重要。基于此，涉外民商事法律人才培养的内容也需要从以知识传授为核心转向以思维方式培养为核心。

首先，重视基本价值观与方法论的培养。在法律的运作中，逻辑推理是基本工具，而价值判断是最终目的。事实上，相对于法律知识的"末"，这些法律知识背后的基本价值观与方法论才是真正的"本"。如果一个律师学会了英美法的识别，也学会大陆法系的规则，这两方面的结合将会造就一个全面发展的律师。[2]我们在很多国际民商事诉讼或仲裁文书中，很难找到对高深法理的阐述，更多是在案件细节与严密逻辑的基础上，对案件本身朴素的价值判断，恰恰正是这种在对严格逻辑遵循的基础上，对基本价值的论证、强调和尊重，体现了这些法律文书背后的专业性。如果一个涉外民商事法律实务者，在写作相关法律文书时，能够遵循严格的形式

---

〔1〕 舒国滢、王夏昊、雷磊：《法学方法论》，中国政法大学出版社 2018 年版，第 183~186 页。

〔2〕 Sadi Rodrigo, "Legal Education and the Civil Law System", *New York Law School Law Review* 62 (2017-2018), pp. 165-182. 转自彭中礼、王亮：《新文科时代法学教育的使命与坚守》，载《法学教育研究》2021 年第 2 期。

逻辑与基本的价值判断，那么无论读者具有何种背景，对这些文书的理解也不会存在障碍。因此，在涉外民商事法律人才培养中，需要将价值观和方法论统一到教学中，并加重培养权重。

其次，注重对自行处理问题能力的培养。法学教育不是为了让学生记住法条，而是让学生能够将法律熟练运用于实践。然而实践是异常丰富、无限变动的，涉外民商事法律事务更是如此。很多案件在发生之前，从未发生过类似的案件，例如 2021 年发生的苏伊士运河堵船事件。[1]在面临这些事务时，并无先前经验可以借鉴。因此，对涉外民商事法律人才的培养，必须注重对其自行"探索真理之路"能力的培养，"授之以鱼不如授之以渔"。这些能力不仅限于法律知识与语言能力，更重要的是沟通、批判性思维、团队合作、时间管理、创造力等综合性"软技能"。[2]因此，在具体教学过程中，应特别重视案例教学、课堂辩论、模拟法庭辩论等辅助教学方式，增加这些辅助教学方式的比重。

（四）从以教学为主转向教学与实践结合

不得不承认，我国涉外民商事法律人才的知识储备并不主要来源于学校教育，更多在其毕业后，在具体岗位上处理涉外民商事法律事务时获得的经验总结。涉外民商事法律事务在法理层面往往并不复杂，但是特别注重实践，需要实务中进行学习，总结经验。上文所述，涉外民商事法律事务在实践中非常复杂，对涉外民商事法律人才的经验储备要求非常高，往往需要数十年经验的总结，才能初步具备处理能力。因此，需要尽早让学生进入实践，在教师与相关人员的指导下，学习、感触、领会涉外民商事法律事务的特点与规律。因此，首先，应鼓励学生参与到实践的第一线，亲身接触、理解并掌握涉外民商事法律经验与知识。其次，深化法学院与实务部门的合作，特别是与涉外仲裁机构、审判机构、咨询中介机构的合

---

〔1〕　2021 年 3 月 23 日早 8 时，"长赐号"（货轮约长 400 米，宽 59 米，重 22 万吨，是营运中的最大型巨型船舶之一）超大型货柜轮在从红海北向进入苏伊士运河时，于河口南端 6 海里处意外触底搁浅，造成苏伊士运河大堵塞。由此导致了延误、救援、运河河岸损伤赔偿等一系列法律问题。

〔2〕　杨学科：《数字时代的"新法学"建设研究》，载《法学教育研究》2021 年第 2 期。

作，完善实习制度、学术实务双导师制度等，使教学、科研与实践有机结合，培养出既有理论知识，又有实务能力的涉外法律人才。

五、余论

我国对外经济交往的基石是一个个具体的涉外民商事交易，而这些交易的背后，是渊源多样、形式复杂的涉外民商事法律制度。当前世界正面临着百年未有之大变局，中国进一步扩大开放，参与国际经济交往的决心只会更加坚定。因此，培养熟悉涉外民商事法律规则、善于处理涉外民商事法律事务的人才至关重要，我们必须早日建立一支具备高素质、结构合理的涉外民商事法律人才队伍。但是不得不指出，涉外民商事法律人才培养任重道远，涉及我国整个人文社科领域的交叉融合，这是一个语言、法律、政治、经济、文化等多种因素综合作用的结果。尽管如此，随着我国正在以前所未有的速度走近世界经济舞台的中心，我国涉外民商事法律人才广泛活跃于世界各地客户、仲裁机构、中介机构、国际组织的画卷，正在徐徐打开。

创新法学教育模式，应对海外留学生回流潮

王　萍[*]

一、问题的提出

疫情三年，真正影响未来的是社会经济结构、生活方式的大变革。传统产业陷入困顿固然可惜，但世界的趋势从来都是时不我待，与其纠结损失、恋旧徘徊，不如以最快的速度调整战略，抓住新的增长点。

在前疫情时代，中国是最大的人才输出国，而西方国家恰恰是利用这一点加速了教育的产业化和规模化，而且通过教育带动了房地产、旅游、生活服务等配套产业，基本上是围绕每个大学建起一个大学城，成为非常重要的经济支柱。在后疫情时代，中国作为世界上最安全的国家（不管是疫情防控还是治安基本上都是公认的最安全），远的不说，已经归国而尚未完成或仅部分完成学位教育的学生，数量规模是相当大的。如果我们的高等教育能够为这些有国际背景的本国学生设计一些通向未来职业路径的教育方案，结合他们原有的学科背景，利用大学这个更便于国际交流的平台，培养一批适应未来发展的国际型人才，当是大学发展改变的重要契机。

---

[*]　王萍，中国政法大学法律硕士学院教授。

针对有国际背景的学生设计学位学制，既不浪费这些学生已经具备的知识背景和专长，也能有效整合利用我国大学尤其是一流大学的国际交流资源，使培养的人才更具国际竞争力，可以说这是一个对国家、大学和学生都有益的三赢方案。具体到法学专业，在英国、美国本来就是本科教育接着研究生教育（Post-graduate），这适合所有学历专业背景的学生。只要在学历制度上增加一个类似 JD 的学位，且凭借这个学位能够获得参加中国司法考试的资格，那么这些学生未来就可以通过考试，获得在我国以及其他国家执业的机会，这无疑也是我们涉外律师、国际化法学人才培养的一个捷径。近十年来，日本、韩国的大学都在进行法学专业大改革，[1]通过设立法科大学院，模仿英国、美国的法学院教育模式，并且跟本国传统的教育实现双轨制。[2]这些尝试对我们"后疫情时代"的法学教育改革方向有很大启示。

二、反思大学教育，职业化程度有待提高

我们传统的教育理念中对职业教育存在理解上的偏差，甚至认为职业教育和大学教育是分庭抗礼的两个部分。即一部分学生在高中阶段被分流出去，入学职业高中或职业中专，从事技术类或艺术类工作。而大部分高中生通过参加高考进入大学，从事以学术研究或者理论分析为主的工作。因此，一旦触及高等教育改革中职业化发展的命题，一些大学就开始抗拒，怕拉低了自己的档次。这种三十年前的思想观念，显然已与当代人才需求格格不入，也与全球人才培养的趋势不符。现代大学的价值目标，是博雅教育和职业教育融合补充，并最终培养出满足高标准职业化需求的人才。"职业"不再是工匠的代名词，取而代之的是专业细分之后的"职业化"高等教育。法学是实践性科学，法学教育的本质就是职业教育，这与

---

〔1〕　陈景善：《韩国法学教育制度改革与法律职业规划协调》，载《中国法学教育研究》2017年第 2 期。

〔2〕　李响：《试论日本法学教育改革之得失检讨与经验借鉴》，载《时代法学》2014 年第 6期。

教育的品质无关，而只是关乎教育的内容。[1]

（一）人才培养必须面对社会的多元化需求

我们总是认为只有在热点切换快的金融、经济领域才有必要与时俱进，对教育领域来说，遵循传统、敬畏权威更符合学术伦理。这一点在纯粹的科研方面也许有一定的道理，但是对教育体系结构、专业设置、内容设计等教育的实施政策而言，绝非如此。虽然课外辅导培训被取缔，但是他们在过去二十年的发展规模和历史，从另一个方面也可以说反映了传统教育创新发展的速度跟不上社会发展的节奏。笔者曾经在很多场合讨论教育，尤其是基础教育的场合，一些自己从事教育工作的家长，抱怨取消课外辅导后孩子学习效率降低。虽然笔者个人并不认同被动教育的长期功效，但是很明显家长的反馈表现出对传统教育机制的不信任，而这些人自己也是教育领域的从业人员，甚至是教育专家。和基础教育相比，大学教育的适应性调整当然更加复杂。以国际化为例，中学可以迅速开设国际部，实行双轨制，而大学因为学位、专业、招生种类、师资、培养计划等所涉项目繁多，不可能简单戴个"国际"或者"涉外"的帽子。受生源本身的限制，也不可能直接照搬国外大学的培养方案。但是这些都不是大学人才培养机制与社会脱节的理由，职业教育的核心是用于实践，并不限于在特定的行业。在全球化的社会背景下，职业主义不再是"二流教育"，而是指将教育的内容与职业衔接，使学生走出校园不需要再经历就职前的实习和培训，或简单培训后即可步入职场，甚至独当一面。一般认为德国的教育更倾向于职业主义，而美国的教育更趋向于博雅教育，实际上放在当下，都是不够准确的。美国高等教育中的医学、法学、工商管理等专业，始终都表现了极强的职业主义，也都是以本科后教育或者说研究生教育为起点，这种职业教育是以博雅教育的基础为前提的。美国文理学院体系独立于综合性大学，也是一种把基础理论构筑和职业训练相区别的做法，事实证明对于没有明确职业选择意向的学生，经历了文理学院的博雅教育之后，再进入职业教育更容易实现职场高起点的目标。另一方面则相

---

〔1〕 刘坤轮：《为什么法学教育是职业教育》，载《人民法治》2019年第24期。

反，从文理学院毕业如果想直接找到工作却难度要大得多。

(二) 教育消费者从用人单位向受教育对象转化

近年来"全人"教育理念一时风靡，如何把对教育对象的人格塑造、精神滋养贯彻进入教育环境，使教育超脱于学历和专业这些囿于物质层面的理解，也成为教育研究者的重要功课。[1]然而，"全人"教育并不意味着通过教育体系培养完美的人，尤其是仅仅依赖高等教育显然更是不可能的。学历制高等教育的内容一向是精英式培养计划，甚至被诟病会培养出"精致的利己主义者"，高等教育的过程与人格完善并没有必然的联系。然而几百年来，大学确实承载着"立德树人"的重要使命，走出了一代代追求真理正义的知识分子。其中一个很重要的原因是，追求更高的教育水平的人，往往有更鲜明的自我成长的要求，也会表现出较突出的社会、历史使命感。随着社会普遍受教育水平的提高，能够进入大学接受高等教育的人越来越多，大学越来越多，专业越来越多，学历层次越来越多，大学和社会的供求关系发生了很大的变化。今天高等教育要迎合社会职业的选择，但又不一定服务于既定的职业，而是由受教育者自己选择，决定自己要接受什么样的教育，规划自己想要成为什么样的人。也可以说，是教育的主体和对象发生了混同，由受教育者选择教育模式和教学方式，教育的消费者不是已经存在的所谓"用人单位"，而是有自我成长需求的每个个体。如果说传统的大学是贵族的象牙塔，现代的大学就是中产的职业通道。而新时代的大学、未来大学的走向，则是为个人发展、个体追求提供基础和辅助。现在看也许还是一种理想，但应该很快会得到印证，那些交学费的人，那些曾经的被教育、被培养的对象，他们的选择，才是教育的选择。之所以强调这个转变，并不是说大学教育完全个性化，没有标准和定式了，而是为了强化职业教育更符合个人发展的选择这个论点。还要说明的是，强化职业教育与学术积累、科研能力培养，并不是矛盾的，再次强调本文中所指的职业教育指的是与社会职业相衔接的专业细分，这不仅

---

[1] 陆小兵、韦家朝：《全人教育理念下的研究生"全人"素养解析——基于背景要素与能力指标的社会网络分析》，载《南通大学学报（社会科学版）》2021 年第 6 期。

是社会发展逐步凸显的需求，也是个人成长价值追求的体现。

（三）高等教育职业化是高等教育国际化的有效路径

如前所述，我们以往对职业主义理解的偏狭，也是我们对高等教育反思的不足，对现代教育理解观念保守所致。实际上职业主义本身更符合"学以致用"的精神，其旨在避免学术研究过于强调服务逻辑和体系，不拘泥于学科壁垒停滞不前，以解决问题为教育的目标。现代社会中博雅教育和职业教育已不再是一对相冲突的概念，也不再是教育路径的分歧点，在高等教育中，他们已向着相互补充融合的方向发展。[1]正是由于建立在博雅教育基础上的职业主义的兴起，专业化的社会职业分工才能够实现，从而再反作用于高校的职业教育，形成需求导向的教育模式。[2]当然，职业主义在不同时代、不同教育中的表现形式是不同的，我们的理念从"职业学校"所实施的职业教育过渡到现代大学所提倡的专业化、技能化的教育，仍待时日。只有转变观念，认识世界，关注那些世界一流大学近年来在跨学科科研创新、跨专业学生培养、实践性课程设置、产学研项目合作方面所做的努力，才能更好地理解是大学与社会的衔接关系决定了当代大学的定位。

以法学专业为例：两大法系融合，世界交易规则的趋同，是理性主义和经验主义两种立法模式向职业主义妥协的现实，也正是国际化所带来的必然性。我们大陆法传统的教学方法，是以理论体系构建为基础的法教义学，因为该方法便于传播，易于传承，概念内涵确定，逻辑推导规范。当然这一方面是法律的确定性原则所要求的，另一方面也更好地保证了对法律解释和适用的统一性。这也是为什么，即便是以经验主义为精髓的判例法体系，依然多在教学中注入学术研究的方法。但是早有学者尖锐地指出法学院理论课程与学生未来从业所面临的问题关联甚微，"假定学术研究产生有用的专业知识，并且专业知识在学校教授的优势让学生为满足实际

---

〔1〕 彭桂芳：《论博雅教育与职业教育的关系》，载《吉首大学学报（社会科学版）》2009年第4期。

〔2〕 罗汝珍：《"智造"需求导向下职业教育产教融合机制创新》，载《现代教育管理》2019年第3期。

需求做好准备世界实践。而这两种假设都越来越多地出现问题"。[1]

三、丰富法学教育的内容，为国际法律职业市场培养人才

法学作为最为显著的高等职业教育专业之一，需要明确就业市场的方向和需求，比如我们正在培养的人才，他们能胜任何工作，如何使他们在同等条件的竞争者中脱颖而出？高傲的教育者似乎不用考虑这些问题，毕竟每个个体的差异决定了他们在同一环境中接受同样的信息内容，也会有不同的成效，教育者对此无法担保。更重要的原因是教育者本身的成长历程、生存环境、成就感来源限定了他们对广泛的职业者所应持有的同理性。在这一点上，教育者和政策制定者具有相同的地方，想象力往往被经验主义困住了。[2]而法学教育的进步，必然要突破用思考者的逻辑来培训执业者（Practitioner）的误区，创造自己的专业人士培养体系。

（一）应对大学功能的挑战，调整法学专业人才培养目标

互联网时代，海量信息资源免费共享，知识、理论学习既便利又低成本，最好的老师、最好的教学资源在网上随时都能搜到，学生何必要上大学？换句话说，上大学、上研究生混个学历，以学历当敲门砖的就业时代已经过去了。把学生抓到课堂点名、布置作业，这些传统方法在过去几十年里其实已经遇到了极大的挑战。我们应该庆幸，法学作为高等职业教育，有学位门槛，有执业门槛，这两个门槛救了法学教育，也拉高了法学专业学生的就业率。科研型综合性大学原本的优势在于"教学相长，教研共进"，但随着大学师资评价标准的天平一边倒向科研倾斜，"研长教短"的现象越来越普遍。大学的政策对教学以及实践性教学当然仍是重视的，但是教师个体作为政策执行者的"自然人"毕竟有分身乏术的困扰，此消

---

[1] Richard K. Neumann Jr. , "Donald Schon, the Reflective Practitioner, and the Comparative Failures of Legal Education," *Clinical Law Review* 6, no. 2 (Spring 2000), pp. 401 – 426. 原文: "Professional schools" have assumed that academic research yields useful professional knowledge and that the professional knowledge taught in the schools prepares students for the demands of real world practice. Both assumptions are coming increasingly into question。

[2] 刘庆昌：《教育经验主义现象批判》，载《北京师范大学学报（社会科学版）》2018 年第 2 期。

彼长也是难免。高等学校教育，尤其是像医学、法学、商学这类实践性科学的教育方式如果不做革命性调整，仍仅限于学术性教学和科研型发展，与社会脱节的现象将会愈演愈烈，大学的功能也会面临更多的挑战。

就法学而言，应对社会需求最直接的办法就是扩充招生的种类，并设定差异化的培养目标。比如我们现在对硕士研究生有法学硕士和法律专业硕士的区别，这个改革经历了二十多年的发展，已经逐步成熟了，但是在社会上、法律职业共同体中，还是存在相对的偏见。根本原因也许并不是培养目标设定的问题，而是大部分我们出品的学生未达到培养目标，或者也可以说培养目标缺乏执行细节，培养不顺利。可是再挖最根本的原因，还是因为培养目标设定不够具体、清晰，当然，在执行上也确实存在相应的难度。例如我校对法律硕士培养阶段，分出了诸多非常细致的专业方向，也设置了专业方向课程组，细化对本科学术背景不同、个人兴趣相异、未来职业规划有差的不同学生群体，推出更符合他们职业发展的类型化教育模板。这个尝试凸显了法律硕士教学的优势，如果能够真正贯彻完成，对于法学职业化路径的拓展是非常有益的。但是困局在于相应的师资比较欠缺，即使我们找到一些执业律师、法官来授课，细化到某个小众部门法的适用，还是很难深入触及，需要调动社会各种资源参与。比如笔者曾经访学的美国康涅狄格大学法学院，对法学硕士（LLM）设定了四个专业方向，其中最有竞争力的是保险法方向，在全美排名第一。这个专业的授课时间大部分都是在晚上，来授课的兼职教授，都是在各大保险公司任职的工作人员，他们来讲的不是法学，而是业务，保险合同本身当然会涉及法律，只是授课角度不一样。这个方向的学生也不是把自己单纯地看作一个未来要参加纽约州律师资格考试的纯粹法律人，他们做专业律师，也是需要熟谙业务的。尽管 LLM 只有一年的学制，但是从这个项目毕业的学生往往比一些 JD 的学生还容易就业，就是因为他们已经提前接触保险公司业务了。也就是说，法学院不光是提供法律学习的资源，也可以成为一个更全面的资源整合平台，与法学有关联的学科非常多，完全可以通过学科交叉和融合提升培养对象的学习体验。

总的来说，就是培养目标要清晰、准确；培养计划要务实、精细；培养过程要完整、可行；培养评估标准要确定、合理。

(二) 加强写作能力培养，灵活建立研究生培养结果评价机制

近三十多年来，法学教育发展取得了巨大的成就，培养了一批批能够坐而著书立说、起而判案、控辩的专家、学者和司法职业人员。但是这些优秀的人才本来就是时代的佼佼者，是经过残酷的高考制度遴选出的"强者"，他们从事任何职业可能都能够成功。当高等教育不再是奢侈品，大学教育、研究生教育的供需差额逐渐缩小之后，我们也越来越感觉到了实现预期教学成果的困难，感慨研究生"一届不如一届"了。笔者认为，与其从生源基础上找原因，不如及时调整和改变现有的教学安排。写作能力是任何法学学位阶段的学生都必须培养和重视的技能，这一点是毋庸置疑的，但是否以学位论文写作作为教学结果评价标准，殊值讨论。举个例子，几十年来我们对法学本科生毕业论文的要求始终没有改变，完全无法适应社会变迁的背景，和高校自己教学内容、教育方式的变化。现在本科生在学校完全可以选择上法律文书写作、法学读书会、法学方法论、论文写作训练营等训练其法学写作能力的课程，法律素养培养的诸多课程设置安排，已经能够满足专业写作训练的需求。完全没有必要再找个导师，再选个选题，照猫画虎地模仿学术期刊上的论文，又附带牵扯出"查重"之类的学术规范程序。换而言之，如果学生本身对写作没有任何兴趣，本科生毕业论文的写作也只能是应付差事，更不值得消耗师资资源去评判和答辩。

此外，对法律硕士的论文如何要求，也一直存在争议和讨论。如果法律硕士和法学硕士的论文写作规范和评价标准跟法学硕士完全相同的话，那二者培养的差异性究竟如何体现呢？[1]值得一提的是，我校法律硕士学院推出了鼓励法律硕士同学撰写调研报告式学位论文和案例分析式学位论文的替代方案，该举措得到了师生的一致好评。不是因为调研报告或案例分析好写，而是因为和学生的未来职业规划、当下的培养内容更契合，不

---

〔1〕 黄晓亮、王嘉伟：《反思法律硕士教育的定位与模式——以法律硕士学位论文为视角的分析》，载《中国法学教育研究》2010 年第 4 期。

仅写作过程能够提高专业能力，写作成果在未来从业过程中可能还能用得上。当然，这个方案还只能说是一个妥协过渡的方案，需要不断调整完善。学生可以适应论文的多样性，导师如果没有相应的专业背景，没有接受过实践性写作的培训，是不是就当然可以履行指导工作呢？很显然，我们不能把教育改革的目标一直放在教育对象身上，教育者的适格性才是完成教育目标时更重要的要素。所以，针对调研报告式论文、案例分析式论文，可以考虑两个方面的改革措施：一方面是扩大导师范围，将从事实务工作的兼职导师引入导师群体，可采取双导师的模式，既发挥职业导师的实务技能优势，也利用校内导师的学术指导优势。[1]当然这是最理想的状态，但是我们也需要考虑到类似情况在日本、韩国实施后遇到的阻力和教训，有经验的法官和律师，未必是一个好的老师，多因职业思维所致。[2]另一个方面则是提升校内导师的法律实践能力，一般而言，高校教师可以兼任执业律师，并不缺乏实务锻炼的机会。但是实际情况是大多数教师除了受成长背景所限没机会积累实务经验，在职期间也很难有精力兼顾科研与实务。因而，提升教师的实务能力切实可行的方法，大概的可选路径有以下三个：其一，像对学生分类一样，将教师分为学术型和专业型，分别指导不同类型的学生，当然这是比较绝对的想法，毕竟对教师进行这样的分类很难有个标准。其二，专项培训，比如有关调研报告、案例分析或其他实践性论文的写作，请专家对教师授课培训。对教师虽说需要克服的是时间和学习的压力，但由于他们已经具备相当的写作基础，应该很容易触类旁通。其三，直接由承担实践课程的教师担任实践类论文的导师。现在各大学法学院都开设了实践类课程，一般是由具备一定实务经验的教师担纲。比如我校在本科生和研究生层次，都开设了案例课和研讨课。我校法律硕士学院建设了实践教学实验室，引进了一些具备丰富实务经验的法官、律师，这些校内资源利用好，也能够满足选择撰写实践性论文的学生。唯一的症结是研究生导师的确定一般是在入学后，或者入学后一年，

---

[1] 何潇：《法律硕士专业学位研究生双导师机制研究》，载《高教学刊》2015年第3期。

[2] 王晨光：《法学教育改革现状与宏观制度设计——日韩经验教训反思与中国改革刍议》，载《法学》2016年第8期。

在那个时候学生可能还不能确定自己的论文选题和形式，所以需要对双选制度也做出调整。

（三）区分作为职业教育的法学和作为社会科学的法学，以职业资格为重点目标设置培养过程

正如笔者一直强调的，培养目标决定培养过程，以及培养结果的评价，因而对法学教育的定位是非常重要的。作为社会科学的法学需要大量的科研人才充实其内涵，拓展其外延。而作为职业教育的法学却只是需要培养合格的法律职业进入者，我们培养的学生只要具备入门的资格就可以了，职业发展是职业教育过程所不能确保的，事实上也是因人而异的。比如一直以来，我们确立的法律硕士的培养目标是胜任法律实务工作，那他们的培养计划就应当着重针对司法考试，安排部门法学习。不一定说因为他们所获的学位是硕士学位，就要具备相当的科研能力，首先要保证他们能够具备从事法律实务工作的基本条件。从这个角度来看，其实学位论文写作是可以适当弱化的，除了前面提到的转换形式之外，还可以考虑融入日常学习中，例如针对每学期的学习内容完成学期论文。把对篇幅、学术规范、论文形式的要求降低，强调问题意识和论证逻辑。以美国法学院的学位设置结构为例，绝大多数美国法学院的学生主体是攻读 JD 学位的学生，他们的课程安排实际上类似于我们的本科学生，只是生源来自已经取得其他专业本科学位的学生。JD 学生的培养目标直接针对美国的法律职业体系，除了少数有学术兴趣的同学可能选择从事研究工作外，大多数都是以司法实务为从业方向的。他们不用写学位论文，但是他们所修的大部分课程都是以论文写作的方式来评价学生学习成果的，即把写作融入每一门课的学习中，当然了有专门的法律写作课。此外主要针对国际生设计的学位，如 LLM 和 SJD，共同点是以国际生为生源目标，不同点是培养目标相异。LLM 学生主要来源是具备法学教育背景的国际生，通过短期的培训（相对于 JD 的三年，LLM 一年的学制比较短），这个学制的优势就是可获得报名参加律师考试的资格，这一点对国际学生来说是非常重要的。相反，英国的法学院没有那么受国际生的欢迎，就是因为即使取得 LLM 学位，也没有报考律师考试的资格。美国法学学院的另一个学位 SJD，培养

对象主要是有学术研究兴趣，以做某个专业领域法学专家和科研工作者为目标的学生，这个学位也是最接近我们的法学博士的学位。由于美国大学的教职和研究岗位并不以取得 SJD 学位为限，所以本国人鲜少攻读这个学位，一般都是由国际生申请的。SJD 学分要求比较少，毕业评价标准就是博士学位论文，也需要进行答辩。

根据上面的介绍可以看出，美国法学院的除了传统的 JD 培养模式外，其他的学位主要是为国际生设计的。当然，美国有一个非常有力的制度来保证法学院培养目标实现，即 ABA 认证制度。他们每年更新法学院认证标准（standards for approval of law schools），涉及法学院设置的方方面面，直接规定关于法学教育的各项细节与指标。[1]那么，我们至少可以在两方面借鉴美国法学院的人才培养设计：一个是以职业化为中心，多层次学位安排，吸引国际留学生；上面已经介绍了多层次学位安排，最重要的是这种安排，吸引了大量的国际留学生，特别是取得 LLM 学位的同学可以报考美国的律师考试，对那些有涉及执业需求的学生是非常有吸引力的。另一个可借鉴的是他们的认证制度，由法定的机构对法学院培养机制作出相对统一的、标准化审核，这样不仅有利于法学院统一尺度，对学生来说也可以因此享受转学的便利。当然美国的经验也不可直接照搬，美国的社会环境、法律传统、法学院资源配置等条件都是其法学教育机制形成不可或缺的成因，而不是像日本、韩国简单理解为以司法考试为中心的教学。[2]

四、建立双轨化、宽口径的国际化法学人才培养的体系

国际化法学人才的培养，绝不是简单地在法学的课程之外增加外语的比重，即法学资料的翻译。真正的国际化应当通过很多方式提高法学教育的国际化程度，如增加课程、聘请国际教师、资助更多的国际学术项目，

---

〔1〕 许身健：《完善法学教育：路径与方法》，载《中国法律评论》2017 年第 3 期。

〔2〕 王晨光：《法学教育改革现状与宏观制度设计——日韩经验教训反思与中国改革刍议》，载《法学》2016 年第 8 期。

开放加强国际联系的研究中心，建立国际联络网络等。[1]仅仅这些也还是不够的，学位种类的设置与国际接轨可能才更具意义。法学教育应当面向更大的服务市场，将人才培养模式的创新多样视为核心。结合我国高校现有的法学涉外人才培养项目，所谓宽口径的国际化人才培养，应可包括以下内容：

（一）针对境外人士的国际教育项目

从目前国内高校所开设的国际化教育项目来看，很显然覆盖率是相当不够的。从师资条件来看，随着大量法学专业海归人才，尤其是在美国取得 SJD 学位的青年学者人数激增，回国后普遍在高校就业，目前法学 A 类大学开设国际课程的条件已经非常充分。从学历设置上来看，法学本科、硕士和博士三个学历阶段，虽然均有针对海外人员招生，但没有单独的教学规划和学历设置，除了入学考试外与国内同学学习过程无异，这个通道无疑并不适合没有中文基础的求学者。此外，国内部分高校开设了专为海外法科留学生和法律专业人员开设的中国法 LLM 项目，其能够为所开设的课程提供所有全英文课程。同时，还包括由司法机构、律师事务所和跨国公司的资深法律专家提供的专题讲座，以及在知名律师事务所、跨国公司的现场教学和实习环节。当然，与国外部分同类课程学位项目有所不同的是，所有学生在完成课程之外，还需提交一篇有关中国法的论文并须通过论文答辩才能申请获取中国硕士以上学位。目前这个机制似有所松动，论文的主题并不限于中国法的范畴，所用语言也可以扩及英语等较高通用程度的语言，虽增加了评审的难度，但对学位申请者来说相对更具可行性。

（二）针对本国学生创办的涉外项目，以联合培养项目为主

近年来随着我国高校国际交流工作日渐成熟，合作院校和合作方式均呈现上升模式，诸多创新均是值得称道的。例如我校近年来推出的一系列国际化法学人才培养模式，包括法律硕士学院承办的法律硕士专业学位（涉外律师）研究生培养项目，法学院承办的涉外法律实验班，国际法学

---

〔1〕　Claudio Grossman, "Building the World Community: Challenges to Legal Education and the WCL Experience", *American University International Law Review* 17, no. 4 (2003), pp. 815–856.

院承办的国际法涉外法治人才实验班，与美国圣路易斯华盛顿大学合作培养国际法专业双硕士学位项目等。这些项目最大的特点，就是有组织地选拔学生，接受双硕士学位的挑战，尤其是与美国高校联合培养的学生，在三年的培养周期里，不仅可以取得双硕士学位，同时还可以取得双律师资格证，虽然课程安排紧凑，但绝对是一个最经济和高效的安排。开设类似项目的高校很多，以往多是以 JD 为主，双硕士尤其是涉外法律硕士是一个新尝试。从以往的经验来看，该类项目的成功率高，学生收益大，确实广受欢迎。唯一的问题是生源限制，就是能够参与项目的同学，首先要考入相应大学攻读研究生，同时也要具备外国大学的录取条件，不仅门槛高，而且可能会有一些学生无法在既定的时间内完成预想的任务。

（三）针对本国有国际背景的学生兴办涉外项目

这种方式是本文意欲讨论的重点，也是针对回流的中国留学生所设想的一种更适合他们的方案。如前所述，美国大学对本国学生和国际学生录取标准、学位设置有所不同一样，而这一点恰恰是我们有涉外法学教育中出现的短板，国际留学生与本国学生"同课共考"的困难[1]一直都存在，而这一点又恰恰被一些"假留学生"[2]钻了空子。对回流的中国留学生来说，他们跟国内的学生一起参加入学考试，实际上也存在"同课共考"的问题，只不过这个共考指的是研究生入学考试。那些报考涉外联合培养项目的学生难度在于语言不过关，而对这些归国的留学生而言难度则是在于公共课不会考。他们本来是最适合进入国际法律市场的培养对象，却可能会因为我们的入学考试、学位设置和学制安排而放弃，这将是非常遗憾的。所以法学教育创新，要根据自己的目标培养对象，设计出归国留学生有机会涉足，并且自己学得会、够得着、有收获的项目。另外，考虑到他们本身已经具有的国际背景，也要为他们提供能未来从业的国家制度接轨

---

〔1〕 目前我们对国际留学生的招生，虽然适用不同的招生标准和入学考试，但是入校后大部分是与国内同学共同学习，语言基础无疑会成为专业学习的巨大障碍。现在普遍存在的问题是对国际留学生单独授课的比例明显过低，我校仅国际教育学院负责组织不同学院的教师为国际生单独用英文授课，同时学院的管理工作有时候也会受到国际生数量的限制，存在双向的困难。

〔2〕 有外国国籍的中国人，享受外国留学生的待遇，低门槛入学。

的学历，毕竟疫情之后开放的世界，有很多可能的机会都是值得利用的。

（四）对有国际背景的归国留学生实施单独体系的涉外项目

笔者认为，即使针对国内的学生进行的涉外法学教育，也是应当有所区别的，对国内本科背景和国外本科背景的同学，需要实施双轨制培养方案。把有国际背景的留学生已有的外语优势、非法学学科背景利用起来，更有益于达成国际化的法学人才的培养目标，应该说他们大多数人相对于英美的学制而言已经完成了一半的培养过程，如果能在国内补上另一半，则正好满足了潜在培养对象的需求。这个工作应当尽快提前布局。具体的做法可以模仿我国香港地区部分高校，他们往往除了提供从法学本科到PhD 的学位外，还提供 LLM、JD、JSD 学制，前者与国内学历制度接轨，后者与美国法学院学历完全接轨的，对学生来说可适度就要高得多。[1]当然，学生只是在法学院取得学历和学位，能不能参加职业资格考试又另当别论。目前我国香港地区的学位是可以参加律师资格考试的，但如果不是美国律师协会（ABA）认证的学校，学生没有参加律师考试的资格，甚至不能通过转学进入获得认证的大学。当然，这些法学教育国际化过程中存在的障碍也不是不能克服的，我们既然可以在联合培养项目中与外方高校合作，新的项目当然也可采用与外方合作的方式。比如北京大学与美国印第安纳大学合办的 JD 项目，学生在深圳完成两年的学习之后到美国法学院进修一年，取得北京大学的硕士学位和美国大学的 JD 学位，即可参加两国的律师资格考试。

另外值得一提的是，我国司法部于 2021 年 5 月 31 日发布的 4 号公告，不仅对海外留学的学子是个好消息，对国内参加涉外项目的同学也会更加有利。根据该公告，"持港澳台或国外高等学校本科以上学历学位人员，学历学位证书经过教育部留学服务中心认证后，可以报名参加国家统一法律职业资格考试"。虽然该规定是针对在海外取得学位的人，但是对联合培养也很有利。与之相对应的是，恰巧纽约州有关律师考试报名的标准，

---

〔1〕 张晶、高维远：《论香港法学教育的特色及其启示——以香港大学法学院为样本》，载《法学教育研究》2017 年第 2 期。

其中也涉及一项，如果在学历取得所在国具备报考律师考试的资格，也是可以考虑的报名条件之一。所以我们在学位设计中要充分利用这些有利因素，提升项目的含金量。

综上所述，法律教育是一个不断变革的过程，进步和改革的压力无时不在，因时制宜、抢占先机非常重要。面对后疫情时代的新特点，海外留学生回流，线上授课普遍被接受等新的趋势，我们需要及时调整培养目标和培养方案，让法学教育的"中国制造"在国际市场上占据充分的份额。

全面提升高校基层学生党支部建设水平研究

——以商学院第二学士学位党支部为例 *

贾娜琳捷 **

摘　要

基层党支部建设一直是我们党的建设的根基和战斗堡垒。针对高校基层支部建设中教育管理难、党组织关系转接不够顺畅等问题，本文主张加强支部制度建设与政治引领，通过将党员教育融合学科建设等方式进行党建，开拓基层党建新视野，解决基层党支部的政治引领作用与学生服务功能的充分发挥问题，以及学生党员组织关系的精细化管理等问题，加强学生党员教育和管理工作。结合高校专业特点，发挥学生党支部的政治引领作用和服务功能，落实"三会一课"制度，完善对学生党员的教育管理制度，建设政治性鲜明、凝聚力强大、纪律性严明、服务功能突出的新时代学生党组织。

一、基层学生党支部建设存在的问题

（一）党员教育管理难

教育管理难是基层学生党支部建设中普遍存在的问题，以商

---

* 本文为 2021 年度"中国政法大学党建思想政治工作研究"课题结项成果。

** 贾娜琳捷，中国政法大学商学院讲师。

学院第二学士学位党支部为例：第二学士学位教育在性质上属于大学本科后教育，就商学院而言，学生毕业且各项成绩经过考察合格后，取得工商管理的毕业证书和工商管理学士学位证书。第二学士学位教育的突出作用表现在，为大学本科毕业后的学生提供一个走向就业的缓冲期，一方面通过本科后教育提升学生的素质本领，另一方面为学生找工作、升学等提供便利条件。在此情况下，学生党员在升学和寻求就业机会的过程中，常会需要前往异地城市，使得支部党员的流动性增加，带来了对党员进行教育和管理时内容和形式上的困难。具体而言，一是党组织和党员的现实联系减弱，党员和党组织往往出现异地的情况；二是党员和党组织在异地的情况也使得党员和党组织在思想状态上产生脱节，党组织无法及时了解到党员的最新思想动态，党员也无法保证跟紧党组织的教育管理。这形成了流动党员群体占据支部总人数近半数的情况，极大地削弱了基层党组织的战斗力与凝聚力。

根据中共中央组织部相关文件，各基层党支部可以为流动党员开具流动党员活动证与党员身份的证明信，持有两种证件中的其中一种，该党员即可参加其所在地的基层党组织的组织生活。但是，这种情形并非一种强制性的规定，而是将自主权交给了该流动党员。如果该流动党员主动性与积极性不强，或者是由于其他因素，没有开具上述证明，该同志就不能及时接受党组织的教育和管理。[1]

此种教育和管理流动党员的问题，也不单单是商学院党支部遇到的问题。市场经济条件下，劳动力本身作为一种资源，也是市场进行主导配置的，所以也会形成大量的流动党员。针对流动党员的教育和管理，也是新形势下全面从严治党所需解决的一个具有普遍意义的问题。提升对流动党员的教育和管理水平，使得流动党员无论身在何处，都能够受到党组织的关怀和教育，接受党组织的监督和管理，既是基层党组织的重要工作内容，也是基层党员更好发挥先锋模范作用、基层党支部更好发挥战斗堡垒

---

[1] 王可卿、岳宗强：《谱写新时代党支部建设新篇章——学习〈中国共产党支部工作条例（试行）〉》，载《中共山西省委党校学报》2019年第2期。

作用的有力保障。

(二) 党员组织关系接转不够顺畅

学生基层党组织的党员流动的程序中，党员学生的流入，主要是以学院为单位，转接到新生党支部，之后再转接到正式的班级党支部。党员学生的流出，主要分为两种情况，一是就业，二是升学。随之而来的是党员的组织关系转接问题。以商学院第二学士学位党支部为例，在流入阶段存在的主要问题是其他各学院的沟通不够充分，使得部分不是第二学士招收对象的党员学生被转入了新生党支部中，造成新生党支部人数模糊。在流出阶段存在的主要问题，是由于学生党员一般需要转回原籍，部分原籍党组织对接收此部分党员持不欢迎态度，甚至设置限制条件。

《中共中央组织部关于加强党员流动中组织关系管理的暂行规定》就党员组织关系的转出作了详细的规定，但对于党员组织关系的转入，如借机拒绝接受党员组织关系的情况和相应的处理意见等方面的规定还有待完善。在一定程度上，党员组织关系的及时转出，主要依赖于党员的自觉性、主动性；而党员组织关系转入，主动权更大程度上在于欲转入的党组织。原本党组织关系在学校的党员，想回到原籍的党组织，但是却只是作暂时的停留，由之带来的消极因素使得这部分党员的组织关系不能顺利迁入，不能享受党员应有的权利。这种状况不仅不利于党员自身，而且影响到党的组织性和纪律性。[1]

二、强化党支部政治引领和服务功能

基层党支部的流动党员管理问题，很大部分表现为基层党组织建设问题。目前，加强流动党员管理，关键在于强化学生党支部政治引领和服务功能，从根本上寻求治本之策。

(一) 紧密结合本专业特点建设党支部

将思想政治教育与本专业紧密结合，培养具有家国情怀、人民情怀和

---

[1] 蔡世华等：《从严从实加强高校基层党支部建设》，载《学校党建与思想教育》2016 年第 17 期。

文化情怀的工商管理人才，做到立德树人、培根铸魂。教育是民族振兴、社会进步的重要基石，是功在当代、利在千秋的重大工程。21 世纪以来，中国社会面貌发生巨大变革，尤其是进入新时代之后，党和人民对教育事业的发展和法商人才的培养有了新的期待、新的要求。要贴近经济社会的不断发展，培养出适应新时代的人才，需要我们做出新的努力。

首先，商学院工商管理第二学士学位党支部将思想政治教育与专业学习紧密结合，注重培养学生正确的人生观、世界观和价值观。其次，坚持以马克思主义世界观和方法论为指导，积极结合本学科教学科研内容，激发创新创业动力，培养具有中国特色和国际视野的"法学+工商管理"第二学士学位人才。在人才培养中始终坚定文化自信，把建设社会主义现代化强国作为目标。再次，坚持党的实事求是思想路线，追求知行合一，在党员党性培养和专业知识的学习中突出展现共产党员的勇气和担当。最后，基于"人民群众是历史的创造者"这一唯物史观，在人才培养中要注重引入发展的眼光看问题的视角，引导学生顺应国家和民族发展的前景，明确自己的人生和职业规划，与历史同行，与祖国同进步，勇做时代的弄潮儿。

（二）党支部发挥政治引领作用

商学院工商管理第二学士学位党支部坚持把引导、团结与教育支部党员作为支部的工作重心，持续增强流动党员对本支部的政治认同感与归属感。在党的活动中，旗帜鲜明地向党员同志讲党的政策主张，普及党的理论知识，宣讲国家与党的规范文件，使党和国家的各项主张和要求在支部每一个学生党员的心中生根发芽，使党支部的思想政治引领作用得到有效实践。要积极引导学生党员在学校遵守校规校纪，在社会上严守法律规章，为建设一个平安、和谐的校园贡献自己的力量。此外，要通过党支部发起或者号召的形式，鼓励学生党员积极参与社会公益活动，自觉地为社会服务，奉献自我，回报社会，用自己的专业知识促进社会的长足发展。支部层面，要对有突出表现的党员积极鼓励，通过物质与精神上的奖励使他们继续做贡献，同时也为其他支部党员树立榜样，形成一个良性循环，推动支部党员素养不断提升。

(三) 关心、教育和管理党员

商学院工商管理第二学士学位党支部将支部党员对党组织的归属感作为党支部工作的重要目标，不断增强党组织的吸引力。要增强党组织对学生党员的归属感，就必须注重在政治上关心支部党员，在党员面临困难时，从物质和精神上支持党员。主要的做法有，为学生党员搭建参与志愿服务活动的平台，通过为社会服务，增强党员的社会责任感和荣誉感；注重观察党员的生活、工作实际，切实帮助解决党员所面临的问题，发挥学生党员的先锋模范作用。针对支部内部学生党员的职业发展方向各异、流动性强、思想多样的特点，要具体问题具体分析，对不同情况的党员采取不同的关心、教育和管理策略。对于党员中，近期面对较大困难的党员，要予以重点的关注，并且在支部委员会内部明确责任的主体，发挥支委会一对一管理的作用，切实加强党员的个人培养，增强支部党员的先进性。对党员的关爱，要从思想上帮助党员，解决他们思想上的困惑，明确党员立场；针对其学习、生活上的困难，要激励他们树立先锋模范意识，积极进取，在实践中取得长足的进步。党内民主方面，要在支部的党建工作中，充分尊重党员的主体地位和民主权利，广开言路，营造良好的支部氛围，使支部同志畅所欲言，建言献策，推动支部党建工作与其他工作迈上新台阶。

(四) 建设服务型党组织

商学院工商管理第二学士学位党支部以服务型党支部为主要内容建设内容，积极落实"三会一课"制度，积极探索和丰富党支部职能，在服务支部党员与班级同学的过程中加强本支部的建设。

服务班集体的整体向好、向优发展。党支部要在班集体中积极宣传我们党的路线方针和政策，把党支部思想政治引领和意识形态教育的首要职能发挥好。通过吸引班级委员会成员进入党支部的形式，支持党支部参与到班集体活动的组织和服务中。建立党员建议制度，鼓励支部党员为班级发展建言献策，增强班级同学的主人翁意识，增强班集体同学对集体的认同感和归属感，提升班集体的向心力和吸引力，建设有凝聚力的优秀班集体。

服务班级和谐友善。随着社会生活的多样化，在各种社会思想的冲击下，班级同学的思想和心理状况也呈现复杂化的趋势。支部可以通过设立党员心理健康咨询服务队、明确支部思想动态责任岗等方式，协调班级同学关系，把班级中个别学生的心理健康和人际交往问题解决好。学生党员要常常留意身边同学的思想健康动态，做到党支部对此类问题及时发现，积极解决。党支部对推进班级文化建设也有重要的作用，通过引导班委筹备一系列积极向上的文化活动，培育健康富有活力的班级文化，促进班级凝心聚力、团结向上。

服务党员群众的学习、就业。党支部要注重研究党员群众的具体情况，针对大家学习和就业中的普遍性质的问题要进行分析和研究，积极帮助协调解决他们的学习和就业上的困难。可以采取党员先锋突击队等方式，建立起党员和在学习、就业上有困难的同学的一对一帮助机制，促进班级同学实现整体上的学习成绩的提升和就业情况的优化。对于有条件创业的同学，要鼓励他们自主创业，拓宽就业渠道，为党员发挥作用、展示才干搭建有效的平台。

三、严格党的组织生活与管理模式

（一）严肃支部生活制度

支部组织生活是支部建设的基本载体。健全支部组织生活关键在于增强支部生活的政治性、时代性、原则性、战斗性。商学院工商管理第二学士学位党支部在这个方面重点进行了探索。

一是要旗帜鲜明地突出坚持党的领导。党的领导意味着全国上下作为一个整体必须坚持党的领导，高校基层党支部自然如此。坚持和加强党的全面领导首要的就是维护党中央集中统一领导。党中央集中统一领导是通过党的纲领、章程和民主集中制组织原则等方式实现的。因此，作为基层党组织的党支部，包括我们每一个党员，都要严格遵守党的纲领、章程和纪律，服从党中央集中统一领导。商学院工商管理第二学士学位党支部牢固树立和全面增强四个意识，自觉维护党中央权威和党的团结统一，在学生群体中，宣传党的主张和观点，开展意识形态教育，为党的领导在班级与学校的贯彻发挥自己的作用。

二是要贯彻落实党支部组织生活制度。按照"三会一课"制度、党日制度、组织生活会制度、民主评议制度等制度的要求，党支部要结合上级党组织的实际要求，保证党支部的组织生活有纪律、有秩序、有活力地开展，并且将这些制度文件化，对本支部党员进行教育，提升党员的组织和纪律意识，提升党支部的凝聚力和战斗力。

三是要加强支部生活锻炼。切实抓好学习教育，夯实支部的理论基础；切实抓好组织管理，增强支部的发展活力；切实抓好作风改进，强化支部的服务意识；切实抓好制度贯彻，提高支部的执行能力。通过支部生活的锻炼，进一步提高支部的凝聚力、战斗力和创新力。

四是完善党员教育管理体系。要通过党课等方式强化党员的政治思想素养和理论水平，强化学生党员的党性修养。贯彻落实党员民主评议制度，对不合格的党员，要合情、合理、合法的用党的纪律予以处理，保证党员内部的纯洁性与先进性。建立党员教育管理积分制度，把党员的学习、工作和生活上的表现进行量化的评价，把党员管理工作做得更加有理有据，更加规范化。

五是改进支部活动形式。要不断密切学生党支部和人民群众的联系，坚定群众路线不动摇，通过党支部联合举办活动、建设党员示范岗、划定党员责任区、成立党员突击队等方式，有效搭建服务和联系群众的平台，使党支部深入基层社区开展实践活动。运用多种形式和手段开展服务，更好地促进工作实效，更加积极主动地为人民群众服务，增强学生党支部的先进性，贯彻党员的人民底色。[1]

（二）优化支部管理模式

支部管理方式是支部建设的保证条件。商学院工商管理第二学士学位党支部特别注重学生党支部带头人的选取工作，通过原学院、学生谈话等形式了解学生党员的实际情况，按照以下的具体方式形成支部工作队伍。

一是要选优配强支部书记队伍。按照能力高、素质强、作风硬的标准，采取公推直选、两推一选、差额直选等多种办法，选优配强带头人队

---

〔1〕　白金凤、管梓旭、孙留萍：《高校二级学院基层党组织建设思考及质量提升措施——以习近平总书记关于全面从严治党的重要论述为根本遵循》，载《北京教育（德育）》2021年第6期。

伍。多措并举，打造起一支守信念、讲奉献、有本领、重品行的基层党员干部服务队伍。

二是加强教育培训工作。以党性党规党纪为核心、以党的基本理论为主体、以素质和能力为基础，根据其工作性质，有针对性地加强对支部书记与支部委员的教育培养；全面推广基层党员教育中的网络学习工作，通过要求党员定期学习共产党员网、学习强国等网络资源，实现对所有党员日常教育的全覆盖。

三是做好党员的纪律工作。"三会一课"制度是党支部开展组织生活的基本制度，高校党支部必须将党的组织生活与学生社团活动严格区分开，对党员参加支部组织生活提出明确的要求。具体来说，要建立严格的组织生活请假制度，在适当时候，并在经过上级党组织许可的条件下，开展互联网线上组织生活，提升党员组织生活参与率。通过建立党员组织生活备案制度，记录支部党员实际参与组织生活的情况，并将其作为民主评议党员的重要参考。党支部层面，要采取灵活多样的方式开展组织生活，通过线下参观展览、观看影视资料、爱国教育题材的影片等形式，提升组织生活的生动性与趣味性，提升支部组织生活的水平和吸引力。

四是优化党组织关系转移工作。党组织关系的转移是党支部的常态工作之一，要做好这项工作，必须抓住商学院工商管理第二学士学位党支部党员流动的特点。转入工作集中在每年的开学之际。转出工作具有两个方面的特点，一是党员在各个时间段都有转出；二是党员转出党组织关系具有明显的高峰时间段，分别是第二学期开学和研究生升学考试之后。在转入阶段要加强和其他学院的沟通，明确本院新生党支部只接收工商管理第二学士学位的党员学生，其他学生不予转入。在转出的高峰阶段，发挥党支部支委会的作用，共同做好本支部的党组织转出工作。在每次数量较多的党员转入或者转出之后，要及时对党员的人员情况进行统计核实，确保党统数据的精确化。[1]

---

[1] 丁一志：《高校基层党支部建设存在问题分析及对策》，载《黑龙江高教研究》2013年第6期。

以横向课题为依托的支架式全过程
项目制专业硕士培养模式探索 *

卞　舟　高　钦　刘春荣　孙舒平 **

近年来，在社会对高素质专业人才的迫切需求下，专业学位研究生培养在我国发展极为迅速。以专业实践为导向的专业硕士应该如何培养？专硕培养中如何将应用能力的提升真正落到实处？专硕培养与已有的、惯用的学术硕士培养模式有何区别？对这些问题的回答是专业学位研究生教育成效的关键。在国家和社会对高层次应用心理学专业人才的迫切需求下，北京师范大学心理学部于 2011 年率先招收应用心理专业硕士，其在专业硕士尤其是心理学专业硕士的培养上有着丰富的实践经验。本文第一作者，北京师范大学心理学部的第一批专业硕士导师，在近十多年的专硕培养实践中积极研究，基于现有专硕培养中存在的问题，逐步探索出"以横向课题为依托的支架式全过程项目制专业硕士培养模式"，并收到了良好的成效。本文将对"以横向课题为依托的支架式全过程项目制专业硕士培养模式"加以系统阐释，以期为探索培养"高层次应用型人才"这一专业硕士培养目标的实现路径提供参考。

　　* 本文由中国政法大学 2021 年钱端升青年学者项目资助。
　　** 卞舟，北京师范大学心理学部副教授。高钦，中国政法大学社会学院副教授。刘春荣，北京师范大学心理学部副教授。孙舒平，北京师范大学心理学部 MAP 中心主任。

一、专业硕士培养中的常见问题

相对于以学术研究为导向，重视理论和研究的学术硕士培养而言，专业硕士强调以专业实践为导向，重视实践和应用。以"心理测量与人力资源管理方向（MHR）"为例，在培养"能够适应各类型组织要求、擅长运用心理测量理论及新技术、精通人力资源管理技能的高水平应用型、实践型、复合型人才"的目标下，以课堂讲授为主的传统培养模式局限性凸显：学生学到的多是静态、割裂的心理测量知识，缺乏对知识的融汇整合，以至于在面对实际的人事测评与选拔问题时无所适从、难以下手。

在探索新的专业硕士培养模式的过程中，项目制学习因其与专硕培养目标的高度契合而备受关注。项目制学习又叫基于项目的学习（Project-Based Learning，PBL），1918 年由著名实用主义教育家杜威的学生克伯屈（William Heard Kilpatrick）提出，后经杜威的评鉴广为流传。沿袭了杜威"做中学"和"问题解决法"的教育思想，克伯屈认为真正的知识只有通过行动才能获得，而项目制学习就是一种有效的行动方式。学界一般认为，项目制学习是师生通过共同实施一个完整的项目而进行的教学活动，是对复杂、真实问题的探究过程，而项目是以生产一件具体的具有实际应用价值的产品或提供一项具体的服务、解决策略为目的的任务。在现有的尝试引入项目制学习的专硕培养过程中，两大问题逐渐显现。

（一）在传统课堂学习和项目制学习中缺乏过渡

如下表 1 所示，传统课堂学习和项目制学习在学习目标、学习任务、教学方式、师生角色、学生合作、学习反馈等各方面都存在巨大差异，突然从传统课堂模式转换到项目制容易让学生难以适应甚至产生挫折感，最终损害学习动机和学习效果。

表1 传统课堂学习、工作坊研讨与项目制学习的比较

	传统课堂学习	工作坊研讨	项目制学习
学习目标	·静态、零碎、割裂的学科理论知识和技能 ·对知识的记忆、理解能力	←→	·动态、融合甚至跨学科的知识和技能 ·对知识的迁移能力，自我调节能力 ·人际沟通与协作、挫折与压力应对等情绪社会性技能
学习任务	·围绕教师的教学大纲和教学设计展开 ·解决经过简化的结构良好问题	←→	·围绕真实的人事测评需求自然展开 ·解决真实、复杂的结构不良问题
教学方式	·机械地接受学习为主 ·学用分离	←→	·有意义的发现学习为主 ·学用一体，做中学
教师角色	·学习的中心，权威，知识、反馈的来源	←→	·项目顾问，学习的促进者、支持者、指导者
学生角色	·被动依赖的知识接受者	←→	·学习的中心，积极主动的项目团队成员
学生合作	·个体独立学习为主，学生之间是竞争关系	←→	·项目团队密切合作，构成学习共同体、生生互助
学习反馈	·反馈内容重结果轻过程 ·单一来源反馈：教师评分	←→	·反馈内容同时关注结果和过程 ·多来源反馈：企事业、教师、团队其他成员和自我评价
学习动机	·动机水平不高，以外部动机为主	←→	·动机水平高，内外部动机同时激活

（二）将学生参与横向课题项目等同于项目制学习

虽然依托横向课题为政府、企事业单位解决实际问题是项目的绝佳来源，但参与横向课题并不意味着发生了项目制学习。二者在以下关键特征上有明显区别。

（1）问题解决导向 vs 问题教学双导向：参与横向课题以问题解决为唯一导向，而项目制强调通过解决问题获得学生综合能力的提升，其根本是一种教学活动，包含了大量对学生的有意识影响。

（2）片段式参与 vs 全过程参与：参与横向课题通常是学生加入老师已有的课题中，是一种"掐头去尾"的参与方式。"头"是从真实的、复杂的、模糊的甚至混乱的问题描述中提炼出关键症结的过程，"尾"是项目交付后对项目的评估和对学习过程的评价与反思过程。对项目制学习至关重要的一"头"一"尾"在参与横向课题中往往被略过。

（3）二手参与 vs 一手参与：学生参与横向课题通常是完成经过老师加工、分解和简化之后的子任务，解决的是更接近于课本知识中描述的结构良好问题，从而消解了项目制的优势。

二、以横向课题为依托的支架式全过程项目制专业硕士培养模式的理论基础

针对上述对现有的专业硕士培养中的项目制学习模式的问题分析，本文提出"以横向课题为依托的支架式全过程项目制专业硕士培养模式"，强调在专硕培养中实施以横向课题为依托的项目制学习的过程中：通过支架式教学帮助学生平缓地从传统的课堂学习模式转换到项目制学习模式；通过学生在项目中的全过程的一手参与，让其充分暴露在真实的、结构不良好的问题当中，让项目制学习在提升学生的实践能力方面的优势得以最大化体现。

（一）支架式教学

基于传统的课堂学习模式与项目制学习模式对学生能力素养的不同要求，突然的转换可能跨度太大，超出了学生的"最近发展区"（Zone of proximal development）。苏联著名心理学家维果斯基（Lev Vygotsky）的"最近发展区"理论认为，学生的发展有两种水平：一种是现有水平，即其独立解决问题的水平；另一种是可能的发展水平，即通过教学所获得的潜力。而两者之间的差异就是"最近发展区"。教学应始终保持在学生的最近发展区范围内，确保教学任务难度保持在"站着够不着，努力跳起来够得着"的水平内。而支架式教学（Scaffolding）就是在学习任务难度超出学生"最近发展区"的情况下，为学生提供的辅助和支持。因此，为了使传统的课堂学习到项目制学习的转换过程更加平缓，进而对新的项目制学习模式的态度和动机更加积极，本研究设计了两大类教学支架。

1. 引入工作坊作为连接传统课堂学习与项目制学习的桥梁

从上表1可以看出，传统课堂学习和项目制学习在众多学习特征上都存在巨大差异，让学生从传统模式突变为项目制模式必然会遭遇巨大的冲击和阻抗，而引入学习特征介于两者之间的工作坊研讨能够为这一转换提供一个"中间站"，在学生完全进入项目制之前作为教学支架，协助学生在最近发展区之内小步子平缓过渡到项目制学习。

工作坊研讨指的是在学生通过传统课堂学习了学科基础知识的前提下，以指导老师或者其研究助理作为主讲人，指导学生针对某一假设性的需求或问题，共同探讨解决方案的过程，相当于一个模拟的、简化的、浓缩的项目完成过程。从学习目标上，工作坊需要在课堂习得的零散知识的基础上加以整合和迁移，但整合和迁移的难度不会太高。从学习任务上，工作坊解决的问题通常是主讲人基于工作坊的教学目标而设计的假设性需求，其复杂性低于政府、企事业单位的真实需求。从教学方式上，工作坊主要以有意义的接受学习和发现学习为主。从师生角色上，工作坊中教师和学生的角色相对平衡，老师的权威性和学生的自主性都介于传统课堂学习和项目制学习之间。从学生合作上，工作坊多采用小组合作学习的方式，学生之间开始出现初步的合作式问题解决。从学习反馈上，工作坊中可以以师生分别作为评价源对个人和小组在学习过程和结果上做出评价。从学习动机上，由于参与工作坊是为了完成真正的项目做准备，因此学生的学习动机仍以外部动机为主，但动机强度较高。

2. 建构学习共同体，共建知识，促进情绪社会性发展

学习共同体（Learning community）是指一个由学习者及其助学者（包括教师、专家、辅导者等）共同构成的团体，他们彼此之间经常在学习过程中进行沟通、交流，分享各种学习资源，共同完成一定的学习任务，因而在成员之间形成了相互影响、相互促进的人际联系。学习共同体并不是一个由个体简单相加的集合，而是相互支持、依赖共生的关系集合。在项目制专硕培养模式中，由学生、高年级学生、研究助理和教师共同构成的

学习共同体是一个合作团体。学习共同体的支架作用体现在它充分激活了共同体中的每一个成员，任何两个成员之间都可以通过交流和合作相互促进，成为彼此的支架，比起单一的个体学习效率大大提升；另一方面，学习共同体通过密切的人际互动和相互合作对学生的人际沟通与协作等情绪社会性能力的提升也有重要作用。

（二）全过程的一手参与

为了最大化地提升学生的实际问题解决能力，本研究强调让学生充分参与到如下图所示的项目的全部过程中。从本人以往实施全过程项目制的经验来看，最容易被忽略的第一环问题建构和最后一环评估与修订正是最能激活学生学习积极性的两大关键。在第一环节，学生在与需求方的沟通中能够切实地看到自己所学专业方向的意义所在。与此同时，复杂有挑战性的需求也能帮助学生看到自己已有知识能力的不足，激发其进一步学习的动力。在评估需修订环节，学生能够直接得到来自需求方的反馈和评价，这极大地深化了学生对课程内容的认识，对学生意义感、成就感和效能感的提升也有巨大帮助。

值得一提的是，本研究强调在以横向课题为依托的项目制专硕培养中支架式教学和全过程的一手参与缺一不可。如果没有工作坊、学习共同体两大支架的存在，全过程的参与会因难度过大而难以实现；如果不需要实现全过程的一手参与，那么教学支架也就形同虚设。

三、以横向课题为依托的支架式全过程项目制专业硕士培养模式的实现路径

在"心理测量与人力资源管理方向（MHR）"专业硕士培养过程中，作者设计并实施了以横向课题为依托的支架式全过程项目制培养模式，具体包括如下图1所示的三步螺旋上升式专硕培养方案。第一步，也是最基础的一步，即学生的课堂学习。在学生完成了专业基础课程学习的基础上，为学生开设一系列的专题工作坊，帮助学生在接触真正的项目之前有针对性的模拟指导。在完成前两步之后，支持和协助学生全过程的一手参与到横向项目当中。比如，在接触一个为某单位命制面试题目的横向课题之前，首先需要学生完成心理测量、人事测量与选拔等相关专业课程的学习，其次再向其开设工作分析、胜任特征模型建构、面试命题等相关工作坊，最后再投入横向课题。

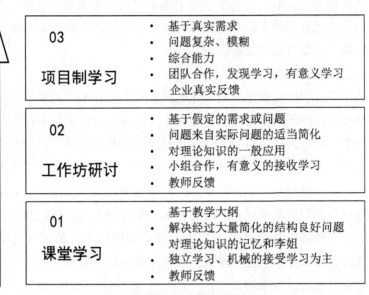

03 项目制学习	· 基于真实需求 · 问题复杂、模糊 · 综合能力 · 团队合作，发现学习，有意义学习 · 企业真实反馈
02 工作坊研讨	· 基于假定的需求或问题 · 问题来自实际问题的适当简化 · 对理论知识的一般应用 · 小组合作，有意义的接收学习 · 教师反馈
01 课堂学习	· 基于教学大纲 · 解决经过大量简化的结构良好问题 · 对理论知识的记忆和李姐 · 独立学习、机械的接受学习为主 · 教师反馈

图1 三步螺旋上升式专硕培养方案

为了给上述螺旋上升式培养创造适合的契机，培养单位需要在项目筛选、工作坊开设、项目的组织与支持，项目评估与教学反思等一系列过程为学生提供支持与帮助，具体包括如下过程。

（一）寻求合作，初筛课题

一个真实、复杂，同时又处于学生最近发展区当中的好的问题是引导项目制学习得以成功实施的先决条件。因此，需要培养机构与有意向合作的需求方保持良好的沟通，了解需求亟待解决的问题方向，并从中初步筛选出适合开展项目制学习的横向课题。

（二）设计工作坊学习，做好项目准备

导师需要基于项目对学生在相关知识、技能上的要求，结合学生已有的课堂学习情况加以对比，评估在项目实施前需要为学生补充的相关知识、技能点，并以此作为工作坊学习的教学目标，设计系列工作坊。

（三）组织开展工作坊并评估效果

开展系列工作坊，并注意通过测试、访谈等方式及时对工作坊的教学效果加以评估，并在之后的工作坊学习中加以调整。

（四）项目的实施与开展

学生从接触需求方开始，全过程一手参与横向课题，具体包括下图 2 所示的问题建构、项目方案制定、项目实施、项目交付和评估与修订、项目学习反思六大环节。

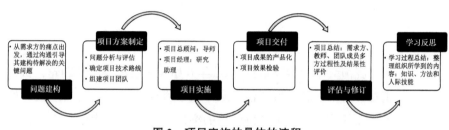

图2　项目实施的具体的流程

（五）项目制学习的持续改进

基于项目实施中的"评估与修订""教学反思"环节中收集到的来自需求方、导师、研究助理、学生对项目实施和整个学习过程给出的多源头、全过程的评价反馈，对培养方案加以持续调整和改进。

中国大学学科评估：工具特征、
价值逻辑与未来发展

胡晓东[*]

　　我国大学学科评估自 2002 年开始至今已经经历了四轮，目前正在经历第五轮学科评估。从多轮学科评估来看，工具理性和价值理性的统一已成为学科评估的突出表征，表现为整体性、科学性、问题导向的工具特色和政治回应、民主公平、制度周延的价值逻辑，形成了有别于其他国家的学科评估特色。经历了五轮近 20 年的学科评估，看似我们拥有了丰富的学科评估经验。但从实践来看，仍然缺乏对评估工具性、技术性、科学性、系统性的基本理论认知和场景应用概念，以致评估政策在应用中出现了价值性问题偏差，如大学虽然获得了较好的学科排名，但却出现了拆解、合并、取消现有学科、弄虚造假、运动式迎评、被动参加、形式主义、下压教师、科研为重、伤了感情、高额奖励等现象。如何破解大学面临的现实困境和问题，本文通过梳理我国学科评估的发展脉络，析清大学学科评估的工具特色和价值逻辑，探寻大学学科评估中的问题及原因所在，最后提出解决未来我国大学学科评估的对策之道。

---

*　胡晓东，中国政法大学政治与公共管理学院教授。

一、中国大学学科评估的工具特征

从理论上看，评估是为弥补决策者与执行者之间"行动距离"的不一致，而由评估者对被评估者实行的旨在达到决策目标的一系列监督活动。一个科学的评估具有如下工具性特征：第一，评估是一个指挥棒，评估的内容决定着事物未来的发展方向，而评估内容来源于组织战略以及执行战略的组织、资源、人员等保障路径。因此，基于组织战略的评估一定是集目标、组织、资源、人员的整体性评估，而非传统单一内容的评估。第二，评估的设计基于科学理念、方法、技术和工具的运用，是合规律、合规则、合规范的理性制度设计，科学的评估设计是保证评估有效性的关键前提之一。否则，评估会"南辕北辙"或"自相矛盾"。第三，评估是一个不断调整、不断完善、不断更新的自组织系统，从实践中看出，任何评估不可能一步到位，"一招解决所有问题"，只有在不断适应环境、调试自身中，才能改变环境，解决问题，随着新问题的出现倒逼评估工具作出革新。结合我国历次大学学科评估政策分析，也反映出明显的工具性特色。

（一）整体性是我国大学学科评估的框架性思维

我国大学学科评估着眼于大学整体实力的综合评估特色，从我国前四轮和目前正在进行的第五轮大学学科评估来看，评估内容都是围绕"人才培养、师资队伍、科学研究、社会服务"四个维度作为评估指标，形成了"四位一体"的框架体系，其中包括了体现大学教学情况的人才培养质量指标，如课程建设与教学质量、科研育人成效、学生国际交流情况、在校生代表性成果、学位论文质量、学生就业与职业发展质量、用人单位评价等；体现大学科研情况的科学研究水平指标，如学术论文质量、出版专著、科研获奖、科研项目等；体现大学管理水平的指标，如师资队伍质量、专任教师数量、社会服务特色与贡献、学科声誉等，所以，我国大学学科评估的实质是大学整体实力的综合评估。这种特色表现异于国外大学学科评估，我国的大学学科评估类似于国外大学的认证评估，例如，美国的院校认证是教学、科研、人才培养等综合评估模式的典型代表，它包括了院系层面的评估和学生层面的评估。除此之外，国外大学还有两类评估，第一，科研评估。例如，美国的大学学科评估由 ESI（Essential Science Indicators）于 2001 年推出的一项文献评价分析工具，它是美国科技信息所（ISI）建立的一个基于 SCI、SSCI 和 AHCI 所收录的全球上万种期刊所计量评估的结果。因此，ISI 也成为世界著名的学术信息出版机构。第二，教学评估。例如英国的教学质量评估主要是通过"高等教育质量保证机构"（The Quality Assurance Agency for Higher Education，QAA）来进行，它是一个独立、半官方的高等教育评估机构，类似于我国的"学位与研究生教育发展中心"，它的使命是制定评估标准并积极改善英国高等教育的质量。与国外大学评估不同的是，我国大学评估的整体化特色影响着大学的自身管理，大学将学科评估的整体性指标框架运用于自身对所属二级学院及教师的评价管理之中，形成"压力层层传导"的评估体制，例如，浙江大学在发展建设过程中，从总体上选择了教学、科研、人才培养并重的综合评估管理模式，对学校内部各院系、教师进行评估，已实现学校发展、国家战略和世界比较的综合效应。

（二）科学性是我国大学学科评估的追求目标

从管理的视角来看，学科评估是对大学学科管理的监督与控制，是学科闭环管理的最后一个环节，也是起到"指挥棒"作用的关键环节。科学化的学科评估是学科管理的内在要求，也是学科建设的必然选择，中国大学学科评估体现出了追求卓越的科学化设计：第一，评估指标的科学化。从多轮学科评估指标来看，基本形成了"一级指标基本稳定，二级指标动态调整，三级指标具体操作"的逻辑框架。例如，在评估内容方面基本保持了"教学师资、科学研究、人才培养、学术声誉"等 4 个一级指标，而二级指标从第一轮、第二轮的"6 个"，到第三轮的"14 个"，第四轮、第五轮的"10 个"，在三级指标的设置中都具有了可操作性特征，例如，"师资队伍"的三级指标为"专家团队、生师比、专职教师总数、重点学科数、重点实验室数"等；科学研究包括"代表性学术论文质量、成果转化情况、代表性科研项目情况、科学研究获奖"；人才培养质量包括"学位论文质量、学生国际交流情况、授予博士/硕士学位数、教学成果奖数、教材质量"等。第二，评估数据的客观化。例如，在第四轮学科评估中，数据来源于中国知网、CSSCI、CSCD、汤森路透等机构；面向全国万余名专业博导及相关学科评议组实行调研，并邀请投票，最后形成"A类"期刊的清单；参考国外相关学科的评估经验，研究探讨大学学科对社会贡献的评价方法；遴选全国 400 多所高等院校实行两轮调查问卷，最后形成"绑定参评规则"等。第三，评估方案的科学化。在多轮学科评估，每轮学科评估方案的出台基本沿用了如下环节，首先，以委托课题的形式开展调查研究。教育部学位中心在"中国学位与研究生教育学会"增设"学科评估指标体系研究"等重点课题，以邀标方式开展专题研究。其次，深入高校"一线"展开调研。一般地就学科评估指标体系，在全国多个省市地区召开多场调研会议，参会高校涉及了 985 高校、211 高校、军队院校、地方院校和科研单位，囊括了综合、理工、政法、师范、财经、艺术、体育等各类型院校，广泛征求了相关意见和建议。再次，开展集中专项调研。针对特色突出的医学类、艺术类、农林类、国防特色、毕业生质量、师资队伍等评估指标召开专题研讨会，听取社会、专家的建议和意见。最后，积极吸收全国"两代表一委员"的意见。

（三）问题导向是我国大学学科评估的动力机制

时代或时期不同，大学学科建设面临的问题也不同，发现问题、解决问题，倒逼学科评估的不断优化。第一，目标问题与优化。如针对论文导向引发的人才培养目标偏移问题，在第五轮学科评估方案中则明确提出，学科评估坚决破除"五唯"顽疾；完善论文"代表作"的评价方法；代表作中要包括在中国期刊上发表的论文等。第二，指标问题与优化。如第二轮学科评估比第一轮学科评估的指标体系进行了改进，首先，"人才培养"指标中，在"全国优秀博士学位论文数"的数量指标基础上加增了"全国优秀博士学位论文提名论文数"的质量指标；其次，在"学术队伍"指标中增加了"长江学者"、教育部"新世纪人才"以及"杰出青年基金获得者"等二级指标；最后，出于对"举办国际学术会议"和"研究生在校发表论文数"难以衡量的考量，在管理学指标中删除了这两项指标。第三，制度问题与优化。如第二轮学科评估中在为解决第一轮学科评估中"实验室、科研成果、基地"等信息的多学科重复使用的问题，易产生对学科评估公平性问题。于是，在多方面征求意见后，按内涵划分成果归属，提升评估的科学性，学科评估实行了按学科信息的"内涵归属"原则来处理跨学科等问题，即将跨学科相关信息按照学科内涵的归属，将其放在不同学科中，并分出比例或主次。

二、中国大学学科评估的价值逻辑

工具性特色解决了中国大学学科评估中的技术性难题，而价值理性则是比工具理性更为重要的本质。政治学家认为，工具理性最终要服务于价值理性才能更有意义，但需要注意的是，工具理性往往会影响到价值理性，致使价值理性无法真正体现出来。马克斯·韦伯曾提到"工具理性与价值理性是制度理性的两种特征，而工具理性往往为追求工具性，常常以牺牲价值理性为代价"。[1]但从我国大学学科评估的多重价值逻辑来看，工具理性似乎不仅没有伤害到价值理性，反而在价值理性的指导下发挥作用，实现了工具理性与价值理性的统一，这也成为我国区别于其他国家大学学科评估的重要特征。

(一) 政治回应性逻辑

中国的大学是社会主义的大学，是在公有制下依靠公共财政支持的大学，应当体现人民的政治性表征。所以，对大学的评价，包括价值的导向，内容的设置，标准的确立，结果的应用等方面都应具有这种政治性特征，大学的学科评估也应如此。多轮大学学科评估，体现出了深刻的政治回应性逻辑。第一，对中央文件精神的回应。例如，第一轮学科评估是自改革开放以来，我国就非常重视对高等教育的学科建设，于 1985 年 5 月 27 日发布了《中共中央关于教育体制改革的决定》，将高等学校评估开始正式列入政府的工作议程，其中明确指出要对高等学校的办学水平进行评估，并首次提出要择优扶植一批重点学科。[2]第五轮学科评估是以《深化

---

〔1〕 ［德］马克斯·韦伯：《新教伦理与资本主义精神》，阎克文译，上海人民出版社 2018 年版，第 234~286 页。

〔2〕 《中共中央关于教育体制改革的决定》，载 http://www. moe. gov. cn/jyb_sjzl/moe_177/tnull_2482. html，最后访问日期：2021 年 1 月 10 日。

新时代教育评价改革总体方案》精神为指导，而此方案正是以习近平新时代中国特色社会主义思想为指导，落实立德树人的根本任务，扭转不科学的评价导向。第二，对国家行政机关的回应。例如，第四轮学科评估紧紧围绕贯彻落实国务院《国家中长期教育改革和发展规划纲要（2010—2020年）》和《统筹推进世界一流大学和一流学科建设总体方案》，以及国务院学位委员会、教育部关于全面深化研究生教育综合改革要求，尤其是李克强总理 2016 年 4 月在高等教育改革创新座谈会的指示精神。第三，对教育行政主管部门的回应。例如，第二轮学科评估伴随着《学位授权审核制度》（1986）的深化，以及全国优秀博士学位论文评选（1999）的深入，当时我国大学所面临的极大需求是提升学科建设点的质量和水平。另外，教师资格标准和课程标准的评定也成为大学学科评估的参考和依据，例如，在第三轮学科评估中，根据教育部的"高等教育质量三十条"和"研究生教育综合改革"等相关精神，在社会各方普遍关注的"科研评价、论文评价、学生评价、特色评价"等方面大力创新，提倡创新型的"学科评价质量文化"。

（二）民主公平性逻辑

民主公平性是克服主观化特征的一种重要表现形式。同时，民主公平性也能带给所有评估参与者对评估本身客观性、真实性的接受与认同。民主公平性在大学学科评估中主要表现为公平性、计量性和公益性。第一，公平性。例如，为了达到学科之间的平衡发展，从第三轮学科评估开始设置了分类评估原则，在第五轮评估继续强化分类评估的可操作性。例如，第五轮评估要求"科研水平不能唯'论文'和'奖项'，要设置'代表性学术著作'等创新性指标，并进行多方面的科研成效评价"。这种评估方式可以避免不成熟的学科成果可能永远无法发表到国际顶级期刊，但通过"代表性成果"的同行评价，同样可能成为我国的强势学科的现象。第二，计量性。在第一轮学科评估中，针对指标体系权重的主观性判断，在第二轮评估中则采用了专家咨询法，就是通过听取参与学术声誉调查专家的意见，并对指标权重进行打分评判，求得多位专家打分的算术平均值后，得出指标体系的权重集。第三，公益性。按照学科评估的目的和世界惯常做法，学科评估本身是非政府行为，我国大学学科评估也遵循这一原则，其公益中立特色突出。主要表现为，学位中心在评估办法和评估体系的设计、数据采集、声誉调查和专家遴选等方面均实行第三方制度；对参评单位，则采取"自筹资金、免收评估费用、自愿参加"的评估制度。例如在大学学科第五轮评估前，学位中心就《工作方案》深入调研论证，广泛听取各方意见，完成五个方面的工作：一是到一线开展面上调研，召开20余次调研会，当面听取了100余所高校和部分省市教育厅400余位专家意见建议。二是召开哲学社会科学评价座谈会，有针对性开展调研，专题研究哲学社会科学学科评价改革。三是征求有关部委、相关司局意见，多次沟通反馈。四是委托中国学位与研究生教育学会评估委员会分专题组开展研究，深入论证。五是紧紧依靠学科领域专家，对每个一级学科指标体系书面征求高校和部分学科评议组专家意见，形成最大程度共识。学位中心对各方意见逐条研究、反复推敲，最终形成《工作方案》。应该注意的是，科学化背后的效益化也是促进评估不断追求工具理性的重要推动力，即通过科学化的评估进行大学资源的配置，这也是学科评估科学化的一个突出表征。学者王小梅、范笑仙、李璐研究证实了"为绩效导向的资源配置提供依据"的论断。[1]

(三) 制度周延性逻辑

从公共政策学的角度来看，法律、政策等制度的周延是解决公共问题、处理公共事务的根本保证。我国学科评估制度的规划与设计始终围绕制度的周延性逻辑展开，第一，从顶层设计到实践操作。在1990年10月，我国颁布有史以来第一个关于高等教育评估的行政法规《普通高等学校教育评估暂行规定》，[2]成为我国高等教育评估领域的标志性文件。在1998年8月29日，全国人大常委会审议通过《中华人民共和国高等教育法》，[3]确定我国高校必须接受教育行政部门的监督，同时教育行政部门有权对高校进行

〔1〕 王小梅、范笑仙、李璐：《以学科评估为契机，提升学科建设水平（观点摘编）》，载《中国高教研究》2016年第12期。

〔2〕 刘晖、李晶：《我国高等教育质量保障政策变迁研究——基于1985—2016年的政策文本》，载《苏州大学学报（教育科学版）》2018年第2期。

〔3〕 《中华人民共和国高等教育法（2016年最新修订）》，中国法制出版社2016年版，第5~9页。

评估。自 2002 年开始，教育部学位中心根据《学位授予和人才培养学科目录》，对全国具有硕博学位授予权高校进行质量评估，我们习惯称为"学科评估"。第二，从经验积累到探索创新。如第一轮学科评估因为自 2002 年开始的学科评估是延续前期教育部对高等院校重点学科评估的基础上而展开的，所以，第一轮学科评估也吸纳了重点学科评估的经验，注重反映一级学科整体水平；并结合我国学科建设的实际情况，参考国外大学排名的经验，增设了"学术声誉"等评估指标。第三，从制度框架到持续优化。如从 2020 年开始的第五轮学科评估在继承传统制度框架的基础上，做出了持续改进和优化：其一，强化人才培养的中心地位。将对人才培养质量的评估放在首位，表现为指标体系更加完善，如设计了"思想政治、培养过程、学生质量、毕业生质量"等四个维度的评价指标体系。其二，彻底破除"五唯"的顽疾。不设置各类人才"帽子"指标，评价教师绩效不唯学历、职称。其三，改革教师队伍建设评价。把师德师风作为评价教师的第一标准，促进师德与师能相统一。实行"代表性教师与队伍总体结构相结合"的方式评估教师队伍质量。教师成果严格按署名单位认定、不随人走，关注教师在本单位工作年限和授课情况，抑制人才无序流动。其四，突出质量、贡献和特色。在评估整体导向上突出质量、贡献和特色。强化质量，淡化数量，不再设置专著、论文、专利等数量性指标，突出原创性成果的评价。强调哲学社会科学学科更加强调发挥文化传承创新与智库作用，自然科学学科更加强调科技成果转化应用与解决关键核心技术问题。其五，提升数据可靠性和评价科学性。优化参评规则，坚持"归属度"原则，鼓励学科交叉融合和学科生态优化，确保跨学科成果合理使用。其六，评估结果多元呈现。实行整体分类与单项评估相结合的评估结果呈现方式，深化评估信息挖掘，向政府和参评单位按需提供诊断分析服务，促进学科内涵建设和高质量发展。

政治学理论认为，一个合目的、合规律的社会实践活动的成功，取决于价值理性与工具理性的统一。中国大学学科评估实现了工具理性与价值理性的统一，体现了工具特色与价值逻辑的统一，形成了具有中国特色的大学学科评估体系，即政治回应性保证了评估工具的整体性和问题导向，民主公平性保证了评估工具科学性和接受性，制度周延性保证了评估方法的持续性和传承性。

三、中国特色大学学科评估未来发展

我国大学评估在表现出强中国特色的同时，也出现了一些问题，集中表现为讨论未来学科评估是否要继续下去的学术争论。一方认为，当前的学科评估问题多，争议多，不成熟；大学学科肢解拆分、合并、取消；弄虚造假；运动式迎评；被动参加；形式主义；下压教师；科研为重；伤感情；高额奖励，等等。而另一方则认为，学科评估还是有价值的，至少在发现自身不足，补足短板，催人奋进等方面起到了积极的作用，应在认可学科评估合法性的基础上，对学科评估做出根本性、理念性、操作性的改革。笔者支持后者的观点，大学评估肯定要做，不能因噎废食。第一，符合国际大学教育管理潮流。21 世纪以来，西方发达国家（美国、英国、荷兰、澳大利亚、加拿大等）和地区先后对科研评价进行了改革，不断优化指标体系、评价框架以及评估制度。总的来看，目前或未来，科研评价的社会影响都将是世界科研评价改革的一个普遍发展趋势。第二，符合管理规律。从管理理论来看，组织要想完成一件事情或一个项目，必须实行"计划、组织、领导和控制"（法约尔的"管理四职能"），而对于大学教育来讲，评估则是监督控制的最为有力的手段之一，如果没有评估，完全任由自身喜好来发展，大学的社会责任感和人才培养目标，国家的科学技术能力和综合国力的提升等则无法实现。只有通过评估，才能给大学提供战略层面的方向指引，而且能够让大学发现问题，找到差距，还能起到鼓励先进，鞭策后进的激励作用。第三，符合社会发展需求。从历史上看，不论世界上最早的摩洛哥的卡拉维斯因大学［University of Al Quaraouiyine，另称卡鲁因大学（University of Karueein）］建立于公元 859 年，还是欧洲现存最古老的大学，意大利的博洛尼亚大学（University of Bologna）建于公元 1088 年，从它们的成立来看，都是满足了当时的社会（学生）需求而建立，同时，在建立和发展的过程中，教授的教学水平和能力都要经过社会（学生）的评估，不合格的教授将面临被罢免的可能，从某种程度上

来看，大学的发展就是在一系列的评估中不断发展壮大的。因此，现代大学的学科评估也就自然而然了。既然学科评估对大学如此重要，而且必要，那么如何从理论上厘清大学学科评估到底应该怎样评？我们认为，中国大学学科评估目前所遇问题应该在价值逻辑的框架下进行考量，在坚持政治回应、民主公平、制度周延的基础上，完善学科评估的工具性特征，使其更加具有科学性、系统性和有效性。因此，本文基于"3W1H"的评估学理论加以阐释和分析，构建具有中国特色的学科评估工具模型。

（一）为什么评：合理运用评估结果

从评估学来看，首先要明白和清晰为什么评估的问题？这是目的。从理论上讲，评估的结果应用反映了评估原因。在评估学中，评估结果应用与评估原因可以分为四个方面：[1]第一，发现问题，分析问题，解决问题。第二，与参评者的切身利益挂钩，通过奖励或惩罚的方式，以激励参评者继续或改变行为。第三，让参评者展开竞争，以提升绩效或效能。第四，划分排名，分配资源。从目标管理理论可知，不同的目标需要采用不同的路径选择，才能实现不同的目标，不能依赖同一路径去实现不同的目标。回顾五轮学科评估，存在着明显的"目标—路径"不一致的情形，如评估的目标是"以评促建、以评促改"，从参与评估的大学数量可以看出，有些大学在第一轮评估中表现出观望、不积极的表现，在大学学科建设中也没有更多的举动。而随着评估的深入，"划分排名，分配资源"成为最终评估结果的应用指向，从而也就确定了评估的"隐形目标"。这时，参评者数量不断扩增，参评者对学科改革和建设的热情大增，评估杠杆的作用凸显。这时，学科评估的显性目标"学科建设"与隐形目标"资源配置"在路径上发生了冲突，也违背了管理者的学科评估的制度设计初衷，产生很多问题，招致众多诟病。

（二）评什么：重新认识学科逻辑

"评什么"是目标，这个目标具有一定的内部结构，明确这个目标的高低水平是"评什么"环节的关键要素，从当前的学科评估来看，并没有

---

〔1〕 胡晓东：《绩效管理学》，上海交通大学出版社 2015 年版。

真正明晰学科的内部结构问题，学者们对此也鲜有研究，刘国瑜提出与我们类似的看法，即"学科的内部结构应包括学科知识、学科组织和学科制度的模型"。[1]但从实践看，并非如此，当今的学科被赋予了太多的实质性内涵，从五轮学科评估来看，学科包含了人才培养、教学质量、科研质量、社会服务等四个方面，而这四个方面本质上是一个大学的基本职能，显然，学科评估代替了大学评价，这种替代性特征模糊了人们对学科评估与大学评价之间的边界和关系的把握，常常把对大学评价的价值主义也迁移到了学科评估。如前两轮学科评估框定在"学术队伍、科学研究和人才培养"等方面，从第三轮学科评估开始，将学科评估的原因选定在了质量等方面，但突出的仍是学科整体质量，而真正将人才培养质量作为评估原因的是第四轮学科评估。但遗憾的是，仍然强调学术成果的重要性，到了第五轮学位评估，才把原因设定在人才培养质量方面，让教师评价、科研评价、教学评价统统服务于人才培养质量。

从本质上看，学科评估应该对学科发展及其质量进行评估，主要包括学术人才、专业建设、科研质量、学生层次以及科研攻关能力，等等。我们可以将其暂定为"新学科评估"，而传统学科评估中的人才培养、科研评价、教学评价、社会服务则属于大学专项评估或大学评价的范畴。如果采用这样的认知架构，可以解决当前学科评估几个问题：首先是评估结果应用问题，在新学科评估中，评估结果将不参与大学资源的配置，只有大学评价才能决定资源的配置。其次是评估回归问题导向的价值，在新学科评估中，对学科的评估目的在于发现问题、解决问题。同时，也"保住"了大学中容易被拆解合并的较弱学科。最后是有利于大学综合性发展，例如，某些学科较弱，但教学很强的大学，同样也能得到较好的大学声誉。

（三）怎么评：加强评估顶层设计

需要回答"评估方式是什么？由谁来评估？"等问题。潘懋元曾指出，[2]

---

〔1〕 刘国瑜：《知识创新、组织构建与世界一流学科建设》，载《研究生教育研究》2021 年第 1 期。

〔2〕 叶祝弟：《对高等教育大众化的反思和展望——著名教育学家潘懋元教授访谈》，载《探索与争鸣》2009 年第 2 期。

"我不反对评估，评估是好事，但是现在评估的做法确实需要改进，这包括评估的标准、评估的主体"。因此，第一，区分"评估维度"和"评估指标"的概念。现有评估常常混淆"评估维度"和"评估指标"，例如，在第一轮学科评估中，将"博士学位教师人数"作为了一级维度"学术队伍"的二级指标，导致学术队伍没有三级指标，而在二级维度"教师情况"中又出现了三级指标"专任教师及研究人员总数"，形成了维度与指标的混乱使用，影响了评估者与被评估者的整体性思维和框架性逻辑。在评估学中，评估维度与评估指标是相异的，评估维度是指对评估内容的层级划分，具有框架性特征，可以分为一级维度、二级维度等。第二，重新设置"评估维度"和"评估指标"。在新学科评估中，可以设"学科知识、学科组织和学科制度"为一级维度；"学科知识"的二级维度为"学科体系、学科层次、学术成果、对外服务、解决实践前沿问题的能力"等，"学科组织"的二级维度为"学科组织体系、学术团队"等，"学科制度"的二级维度为"学科组织方式、学科之间关系、资源配置规则"等；在二级维度下可设评估指标，如"学术成果"的评估指标为"国家级科研课题数量、省部级科研课题数量、SCI/SSCI/AHCI/EI 或者 CSSCI/CSCD 等收录论文数量、获得国家级、省部级人文社科优秀成果奖数量"。第三，科学选择评估主体。从评估学来看，评估主体的范围选择可以涉及 360 度的群体范围，应该根据评估维度和评估指标的获得渠道来选择评估主体。如评估"科研成果"则从数据库中可以获得此数据，而这个数据库就是一个虚拟的"评估主体"，如评估"学术组织"则需要专家评估大学的学术组织架构、人员规模和层次等，那么专家就是"评估主体"。

因此，在新一轮学科评估中，应该避免类似问题的发生，"目标—路径"一致性是评估学一贯主张的原则，评估结果应该回归于评估的本质目的——学科建设，而建设学科则必须明确国家的战略目标，学科的短板和问题，原因和解决对策等，并不只是学科排名、资源分配。学者们对此也高度认同，2019 年，王洪才认为，"高校学科评估应当注重诊断而非排名"。[1]2020 年，中国工程院院士、上海交通大学校长林忠钦也对学科评估给予高度认可和评价，他认为，"高校只有通过评估才能查找短板与不足，才能推进学科建设战略谋划和系统布局"。[2]

（四）比什么：评估的价值取向

从前四轮学科评估来看，每一轮都要进行排名比较，带来许多问题，到底要不要排名比较？从评估学来看，即使最为相似的两个或若干个个体也没有比较的可能性，其理论基础是，世界上没有两个完全类似的树叶。因此，从理论上看，人与人、组织与组织、大学与大学是没有可比性的。但实践中，不是完全不可比较的，评估学主张，公平、科学的比较应该是"自己与自己比"的原则，而不是"自己与他人比"。因此，在新学科评估中，任何大学都不具有可比性特征，因为任何大学规模、教师、学生、实验室等因素都存在较大的差异性，所以，大学评估应该采用个性化评估，通过评估发现问题，分析问题，解决问题，促进大学的学科建设和发展，而不是把大学进行排名比较，分配资源，这应该是学科评估的价值导向。

综上，我国大学目前正在经历着第五轮学科评估，与前四轮相比较，本轮评估以破"五唯"及凸显人才培养目标为价值导向。在实施中，应该遵循评估学的基本原理和理论框架，在制度层面，要注重在评估的顶层设计、指标体系、制度方案和结果应用等方面总结前期经验，发现问题，解决问题；在工具层面，要对准评估目标，明晰评估内容，设计评估流程，体现学科评估的真正价值。

---

〔1〕 王洪才：《学科排名：利大还是弊大——对我国学科评估特征、正当性与机理的省思》，载《厦门大学学报（哲学社会科学版）》2019 年第 1 期。

〔2〕 晋浩天：《破"五唯"，第五轮学科评估的突破口》，载《光明日报》2020 年 11 月 4 日，第 6 版。

课程与教学

Ke Cheng Yu Jiao Xue

外国语言学课程思政建设探索与实践

高　莉[*]

"课程思政是新时代我国教育教学的主要特色之一，也是'双一流'建设和新文科背景下落实立德树人根本任务的重要战略举措。"[1]围绕教书育人的根本问题，课程思政要求寓价值观引领于知识传授和能力培养之中，通过三者的有机融合帮助学生形成正确的世界观、人生观和价值观。课程思政理念的提出，集中反映了我国教育教学领域出现的新发展趋势，即从以能力为导向到以价值观为导向的转变。[2]

党的十八大以来，习近平总书记高度重视立德树人在我国教育中的重要地位，并反复强调课程思政对推进立德树人的关键意义。2017 年 12 月，教育部《高校思想政治工作质量提升工程实施纲要》提出，要大力推动以"课程思政"为目标的课堂教学改革，梳理各门专业课程所蕴含的思想政治教育元素和所承载的思想政治教育功能，融入课堂教学各环节，实现思想政治教育与知识体系教育的有机统一。由此可见，课程思政并非具体的课程或活动，而是一种课程观，旨在各门课程和教改的各个环节中贯彻

---

　　*　高莉，博士，中国政法大学外国语学院副教授。
〔1〕　文旭：《语言学课程如何落实课程思政》，载《中国外语》2021 年第 2 期。
〔2〕　文旭：《语言学课程如何落实课程思政》，载《中国外语》2021 年第 2 期。

高校思想政治教育，实现立德树人润物无声。[1]

外语专业作为我国高等教育的重要组成部分，实施课程思政，落实立德树人根本任务，是新时期国家对外语人才培养提出的新要求。2021 年 9 月，习近平总书记在给北京外国语大学老教授的回信中指出："深化中外交流，增进各国人民友谊，推动构建人类命运共同体，讲好中国故事，需要大批外语人才，外语院校大有可为。"外语教学如何落实课程思政以及实施的成效如何，决定于多种因素，既要有学校的政策支撑，也要将思政育人目标贯彻于外语教学的全过程，形成系统化课程体系，更要充分尊重专业育人特点和认知科学要求，根据不同的学科类别和具体课程属性探索课程思政的实施路径。本文以外国语言学/德语语言学课程为例，首先解析外语教育课程思政的内涵，接着从中西语言学学术史的渊源及语言学课程的人文属性两个方面分析语言学实施课程思政的内源性依据，其次围绕深度学习的教育教学理念探讨如何在思政育人视域下重构外国语言学的课程目标和教学实践。

一、外语教育课程思政的内涵

人类命运共同体理念反映出中国对当前全球治理困境的深刻理性反思，也对外语学科人才培养赋予了新任务、新内容。课程思政意味着外语专业应当加强外语人才的国家意识培养，致力于构建外语学科的国家意识话语体系。《外国语言文学类教学质量国家标准》（2018 年版，以下简称《国标》）要求外语类学生应具有正确的世界观、人生观和价值观，良好的道德品质，中国情怀与国际视野，社会责任感，人文与科学素养，合作精神，创新精神以及学科基本素养；知识构成方面，要求学生不仅掌握外国语言知识、文学知识、国别与区域知识，而且需要熟悉中国语言文化知识，并且了解相关专业知识以及人文社会科学与自然科学知识，形成跨学科知识结构；能力培养方面，提出学生应具备外语运用能力，文学赏析能

---

[1] 高德毅、宗爱东：《课程思政：有效发挥课堂育人主渠道作用的必然选择》，载《思想理论教育导刊》2017 年第 1 期。

力、跨文化能力、思辨能力，以及一定的研究能力、创新能力、自主学习能力等。

为落实《国标》对专业定位和人才培养目标的规定，2020 年版《普通高等学校本科英语专业教学指南》《普通高等学校本科翻译专业专业教学指南》明显地体现出四大理念：立德树人、文化自信、全人教育、创新教育教学新方法。该教学指南对于德语、法语、日语等各个外语类专业均具有示范引领和辐射带动作用。广东外语外贸大学的刘齐生教授呼吁课程思政必须全面涵盖德语专业课程，指出德语专业教师要以课程为载体，以立德树人为根本，充分挖掘蕴含在德语专业知识中的德育元素，将德育渗透、贯穿德语教育和教学的全过程，助力学生全面发展。[1]

鉴于此，外语教育践行课程思政的内涵，在于思考如何在外语知识传授和外语能力培养中融入社会主义核心价值观，培养具有跨文化沟通能力、人文素养、家国情怀、国际视野的复合型人才。外语学习者应具有坚定的文化自信，良好的理想信念、思辨能力和开拓创新精神，这样才能在世界文明交往互鉴中发出中国声音，运用外语优势讲好中国故事，面临新问题、新机遇时能够胜任新挑战和新任务，打造融通中外的话语体系。这是在思政育人和新文科背景下，我国外语教育课程体系人才培养的重要基础和内容，也是新时期外语教学改革的思路和方向。在此基础上，外语类各门课程均应着力思考如何结合具体课程内容践行外语教育的新理念和新发展思路。

外国语言学概论课程重点讲授普通语言学基础理论，包括语言的性质、功能、结构及其一般的发展变化规律。语言学教学内容及相关教材的编写主要遵循结构主义语言学编写理念，即将语言视为一个相对封闭的、结构化、层级化的要素系统，包括语音、词汇、句法、语篇等，其中每个层级都有自己的组合规则，语言就是对这些有限规则的无限运用。德语语言学概论以德语语言为分析材料，通过这门课程的学习，可以提高学习者

---

〔1〕　刘齐生：《〈德语专业本科教学指南〉与德语专业的学科转向》，载《外语学刊》2020 年第 5 期。

在理论上对德语语言的语音、词汇、句式、语义、语用及语篇特征的认识和分析能力。在外国语言学概论课程上融入思政育人元素，应当着力寻找语言学思政育人的内源性依据，才能找准育人角度，思考语言学思政元素的具体形式和内容。

二、外国语言学课程思政建设的内源性依据

如果我们将时代要求、国家战略需求和外语专业教学指南的纲领性规定理解为外国语言学课程思政建设的外源性因素，那么对于以人类语言为教学内容的语言学概论这门课程来讲，进行思政教育还具有独特的内源性依据。探讨这些内源性因素能够坚定教师和学习者开展思政教育的信心，明确思政教育的目标。

（一）语言学知识翻译：中西方现代语言学的渊源

中国语言学研究虽然历史悠久，至今已有两千多年的发展历程，从古至今不乏独到的见解和丰硕的成果，但仍未达到语言科学的水平。我国在"五四"运动之前所作的语言研究，主要是属语文学范围的。但语文学和现代语言学之间是有区别的。前者主要以文字（字形、字音和字义）或书面语言为研究对象，着力在文献资料的考证和故训的探求，研究结果相对零散，没有系统化；后者则聚焦语言本身，研究活动能够提出科学的、系统的语言理论。[1] 我国是世界上语文学发展得最早而又最盛的国家之一，因为我们有着五千多年的语言文明文化需要传承，所以从古至今都要人们从事文献信息考证和故训探求的工作。

现代语言学理念在我国是从西学东渐开始的。维新救国的政治思维在学术上的表现就是将外来的学术搬到国内来研究。王力先生指出，历史上，中国语言学曾经受过两次外来的影响。第一次是印度对我国音韵学研究的影响，第二次是西洋对我国语言学各个方面影响。[2] 在新中国成立以前，我国语言学一直是以学习西方语言学为目的，逐步构建起不同于

---

〔1〕 王力：《中国语言学史》，山西人民出版社 1981 年版，第 1 页。
〔2〕 王力：《中国语言学史》，山西人民出版社 1981 年版，第 173 页。

"语文学"的现代语言学景观。何九盈在回顾中国现代语言学史时认为，中西方的现代语言学在时代上差不多，但内涵不完全一样。西方现代语言学建立在传统语法学和历史比较语言学基础之上，其根本特点是由历史研究过渡到语言现状研究。而我们的现代化不免带有"补课"的性质，历经填补各项空白、翻译外国文献、搜集与整理汉语资料、对传统语文学进行继承与改造等一系列活动，到 20 世纪 40 年代末，中国语言学初具规模，但基础十分薄弱。[1]

以上述及的"补课"，主要是通过译介外国语言学理论，以语言学知识翻译的形式进行的。我国学人在学习西方语言研究方法的基础上，努力将其应用于汉语言分析的实践。刘丹青曾谈及中国现代语言学史上的一个奇特景观——许多汉语研究者，包括很多学术大师和后来的一些重要学者，都曾当过国外语言学著述的译者。[2] 1940 年，赵元任、李方桂、罗常培合译了瑞典汉学家高本汉的《中国音韵学研究》，并进行了注释和补订。1962 年，陆卓元译出萨丕尔《语言论》。1979 年，袁家骅等人编译的布龙菲尔德《语言论》作为商务版"汉译世界学术名著"问世。同年，又有邢公畹等人翻译出版的乔姆斯基《句法结构》。1982 年，高名凯翻译的索绪尔《普通语言学教程》出版，等等。[3]

可以说，这些译著对于早年我国国人了解、学习、借鉴国外语言学理论起到了巨大的推动作用。早期的语言学家马建忠、黎锦熙，以及后来的吕叔湘、王力、高名凯等都曾将西方语言学理论运用于汉语分析，主要是汉语语法分析的实践。1898 年上海商务印书馆出版马建忠的《马氏文通》标志中国现代语言学的产生，该书不仅给予语法学核心地位，而且将语言形式确立为中国现代语言学的基本重心，反映出西方语言学理论对汉语分析研究产生的深远影响。

然而，这种削足适履般的汉语言研究模式逐渐显现出不少问题。由于先前的主要目标是运用西方语言学理论分析汉语语法，而较少考虑根据汉

---

〔1〕 何九盈：《中国现代语言学史》，商务印书馆 2008 年版，第 4~5 页。
〔2〕 刘丹青：《语言学前沿和汉语研究》，上海教育出版社 2005 年版，第 1 页。
〔3〕 刘丹青：《语言学前沿和汉语研究》，上海教育出版社 2005 年版，第 1 页。

语的实际情况加以创新，因此在许多情形下无法突破西方语言学的框子，也就不能彻底地创立中国语言学的风格。[1] 虽然人类语言具有一定的共性特征，基于某种或某些语言的理论研究模式对另一种语言研究具有重要的参考意义，但是翻译终是舶来品，它们能否用于以及如何用于汉语研究，仅靠理论的翻译和套用是不能回答和解决的。事实上，我国的语言学家已逐渐意识到了这个问题。吕叔湘先生在《中国文法要略》谈到，古汉语和近代汉语在语法结构上是有些出入的，汉语的语法结构有许多还没有解决的问题，汉语词汇本身没有形式上的特征，用意义作为分类的标准更为合适。汉语句式分析在借用外国语言学理论时也有许多不能解释的问题。[2]

中国当代同样有不少语言学家致力于突破西方语言学的理论，发展中国语言学本土化的理论模式。沈家煊先生在一次讲座中指出，将西方语言语法作为参照并不能覆盖语言结构类型的多样性，难以对汉语言现象进行有效的阐释。因此需要突破原有的模式而引入新参照系，比如汉语动词和名词的关系、汉语范畴观、对言语法和对言格式、汉藏语四字格等问题。[3] 唯有根植于我国本土，掌握我国语言学的研究传统，并了解汉语言面临的现实问题，正确评估汉语现象的理论价值，才能够促进中国语言学的发展，进而推动人类语言普遍理论的建设。

（二）语言学课程的人文属性

索绪尔开创的结构主义语言学奠定了 20 世纪主流语言学研究的整体样貌，因其排除语言外各种主客观因素，主张将语言看作一个自足的系统，一个包含了各个子系统的系统而使语言独立为一个研究对象，并使语言学成为一个独立的学科。"自足的结构系统"一说建立在数对二元对立概念的基础上，包括"语言"和"言语"、"内部的"与"外部的"、"共时"与"历时"、"组合关系"与"聚合关系"。当索绪尔逐渐将"言语""外部语言学"和"历时研究"排除在外后，内部的、共时的语言成为他的研

---

〔1〕 刘丹青：《语言学前沿和汉语研究》，上海教育出版社 2005 年版，第 185 页。

〔2〕 吕叔湘：《中国文法要略》，商务印书馆 1990 年版，第 3 页。

〔3〕 沈家煊：《实验研究呼唤汉语语法的理论更新》，2021 年 12 月 22 日线上讲座。

究对象。这种"语言"并非带有个人色彩的"言语",而是具有鲜明的社会特征,是集体心智的产物。反过来,语言对于言语(语言运用)具有制约的作用,也使得人际交往成为可能。结构主义语言学重视语言的自然科学属性和形式特征,将语言视为理性化的独立于个人和外在世界的客体。

虽然语言学发展至今,人们早已意识到语言的形式与内容、语言与思维、语言与民族文化的不可分割性。但一切思想的形成,都有其特殊的社会历史环境与学术背景。其一,索绪尔所处的时代盛行科学主义思潮,他利用二分对语言特性加以取舍被当代学者称为"同质化",[1] 是自觉的科学主义研究。19 世纪和 20 世纪初,人类科学突飞猛进,革命性地改变世界。科学取代过去宗教等形而上学的力量在思想界取得统治地位。比较有代表性的科学学术思潮包括法国著名哲学家和社会学家孔德的实证主义及以培根和休谟为代表的"经验论科学主义"。[2] 其二,索绪尔语言学理论中关于语言的社会本性、语言是一种两面的心理实体以及语言是一种层级符号体系等理论,同之前的社会学、心理学理论及惠特尼和洪堡特等人的学术思想之间存在着相当程度的联系。[3] 作为"科学主义者"的索绪尔,并没有完全否定那些语言外部要素以及个人言语的研究价值。他的二分法思维模式恰恰暗示了一条语言研究的"人文主义"道路。

传统的人文社会科学通常以个人的思维现象或精神现象为研究对象,它们之所以能够为我们所理解,是因为我们的研究对象具有与我们相似的思维结构。[4] 语言学具有天然的人文属性。在 19 世纪与 20 世纪之交发生的哲学研究语言转向,对 20 世纪的人文社科研究产生了深远的影响,其基本主张是人只能通过语言这个媒介认识外部世界,换句话说,外部世界通过语言这个滤镜折射到人的意识当中。由此,人们所理解的外部世界其实是由语言建构的,因而是语言的世界。尽管使用语言的能力是普遍的,但

---

〔1〕 陈保亚:《20 世纪语言研究中的同质化运动——索绪尔语言观与博爱士方法论的殊途与同归》,载《北京大学学报(哲学社会科学版)》1997 年第 2 期。

〔2〕 王骏:《科学主义与索绪尔的语言学研究》,载《中国外语》(中英文版)2006 年第 1 期。

〔3〕 吕红周:《索绪尔的语言系统观研究》,载《外语学刊》2010 年第 4 期。

〔4〕 [英]哈耶克:《科学的反革命——理性滥用之研究》,冯克利译,译林出版社 2015 年版。

每一种语言都具有个别性，折射出语言使用者的独特性，也彰显了一个民族的心理特点。正如洪堡特所言"一个民族的语言就是他们的精神，他们的精神就是他们的语言"。洪堡特之前的西方哲学家们往往将语言看作是思维的工具或思维表达的手段。洪堡特却指出语言是形成思想的器官，没有语言，就不可能构成概念，不可能有真正意义上的思维，个人更多的是通过语言形成世界观。[1]

洪堡特的"语言世界观"不仅对传统语言与思维关系的观点进行了彻底的颠覆，而且深深地影响着后来的学者。从海德格尔的"语言是存在之家"，到伽达默尔阐释学的经典论断"语言就是理解本身得以进行的普通媒介"，乃至萨丕尔—沃尔夫的"语言相对论"，无不揭示出不同的语言使用者会因为语言的不同而产生思维方式与行为方式的差异。不同的民族所使用的语言，从语音、词汇到语法结构都千差万别。语言表达所对应的概念更是反映出不同民族的人对同一事物的认知各不相同。我们在了解外国语言学理论知识的同时，也接触和了解到外国文化、外国人的思维模式以及外语所承载的意识形态等内容。正是由于语言学的人文属性，学习语言学课程对于探索人文精神，实现价值观塑造方面的作用具有天然的优势。

三、外国语言学课程思政建设的思路与方案

语言学课程思政的内、外源因素是进行思政育人的逻辑起点。在此基础上，教师深化思政育人理念，了解汉语言研究的历史传统与现状，引导帮助学习者在了解、学习、掌握外国语言学基础理论知识的同时，以汉德语言对比为媒介和内容，展开深度学习，通过学习活动与体验主动建构知识体系，培养融通中外语言文化能力以及用外语传播中华文化的能力，落实课程立德树人的目标。

（一）立足语言对比

汉语属汉藏语系，德语属于印欧语系。按照洪堡特对语言类型的划

---

〔1〕　[德]威廉·冯·洪堡特:《论人类语言结构的差异及其对人类精神发展的影响》，姚小平译，商务印书馆1999年版。

分，汉语为典型的孤立语，鲜有词形变化，且注重表意，是一种高语境语言；德语是典型的屈折语，具有丰富的词形变化和语法形态，因而注重表形，属于低语境语言。两种来自不同语系的语言，从语音、构词到句子结构等各方面都有着不小的区别。但同时，相同的现实也必然会使不同的语言具有某些共性特征。因此，语言的对比不仅是可能的，而且对于凸显语言与思维、文化和民族精神的关联来说也是必要的。并且，如前所述，西方语言学理论传入我国后极大地推动了我国现代语言学的理论建设，但因为民族文化的不同和语言传统的不同而并不能完全用来描写、解释汉语现象。汉语言文字研究需要跳出西方理论学说的禁锢，根植于本土，从汉语言文字材料自身入手，深耕实践，才能构建和发展自己的理论，这是对自身语言认同的重要表现。

对语言的认同代表了对民族的认同，对异语言和异文化的了解是促进文化交流的前提。对汉德两种语言进行对比不仅有助于了解对方的语言文化，更能够加深对自身文化的认知。德国诗人歌德曾说过："不谙通外语，对自己的母语则一无所知"。我国语言学家吕叔湘曾说："一种事物的特点，要跟别的事物比较才显出来……要认识汉语的特点，就要跟非汉语比较……无论语音、语汇、语法，都可以通过对比来研究。"〔1〕沈家煊先生在一次访谈中也指出，正所谓不识庐山真面目，只缘身在此山中。如果只是从汉语看汉语，实际上是看不清楚汉语的。而用英语的眼光来看汉语，就能够看到和我们不一样的东西。〔2〕

例如，在第一章绪论部分介绍语言学发展简史时，将中西方语言学简史作一对比，突出中国古代"语文学"、象形文字与甲骨文研究以及现代语言学知识翻译的历史。语音学部分除了让学生关注汉德语音发音部位和发音方法的不同，还可增加现代汉语拼音改革方案的内容。在词汇学和句法学两章中，汉德构词法的不同、词义文化内涵的不同、汉德句法的文化根基等均可构成对比的内容。并且，虽然语素/词素的概念在两种语言中

---

〔1〕　吕叔湘：《通过对比研究语法》，载《语言教学与研究》1992 年第 2 期。
〔2〕　吕叔湘：《吕叔湘语文论集》，商务印书馆 1989 年版，第 137 页。

均指语音语义结合体，但二者的语素分类标准具有较大差异。德语源于其
屈折语的特征按照语素的功能将其分为语义语素、构词语素和语法语素，
汉语则因为没有词形变化而以音节数量为标准划分为单音节语素、双音节
语素和多音节语素。在词类和句子结构方面，汉德语言的差异性表现得更
为明显。两种语言无论是在词类的数量、词类的句法功能、句子成分的灵
活度等方面都有明显的不同。

目前汉语界学者对于汉语的名词和动词的研究取得了不同于西方语言
理论的成果，提出"名动包含说"[1]、"动主名谓句"[2]等原创性学说，
值得引起语言学教学的关注。语篇层面的分析，自20世纪80年以来，国
外的语篇语言学/篇章语言学作为新学被引入，至今仍在艰难地跋涉。[3]
中国拥有历史悠久的篇章学术传统，刘勰的《文心雕龙》系统地阐释了文
章的本体论、写作论和阅读论，为汉语文章学奠定了坚实基础，此后历朝
历代均有文章论经典问世。汉语已有的语篇体制，范畴和言语方式完全异
于西语。[4]现实的语言学理论都建立在具体语言的基础之上，而具体语
言特性又制约了整个学科体系的内在结构及其分析原则。因此，对于具体
语言来讲，没有所谓的语言学普遍原则，而应是择而选之。吸取外来理论
有用部分，构建符合汉语实际的语言学理论体系是值得思考的路向。

(二) 促成深度学习

在课堂教学中实现思政育人的目标，不仅要对原有教学内容进行重
构，同样也需要更新教学方法和理念。在整个教学活动中，教师不宜采用
生硬说教的方式，而要着力于提升育人能力，在把握学生的心理和认知规
律的基础上，调动学生的学习积极性，使他们主动探究，学有所获，了解
知识背后所蕴含的情感态度、价值观因素。这是一种深度学习的教学理
念，与课程追求思政育人的目标不谋而合。

---

〔1〕　沈家煊：《动词和名词》，商务印书馆2016年版。
〔2〕　沈家煊：《动主名谓句——为朱德熙先生百年诞辰而作》，载《中国语文》2021年第1
期。
〔3〕　丁金国：《语篇学的构建及其分析原则》，载《当代修辞学》2016年第4期。
〔4〕　丁金国：《语篇学的构建及其分析原则》，载《当代修辞学》2016年第4期。

　　所谓深度学习，指教师为学生发布具有挑战性的学习主题，学生在探究性学习过程中全身心积极参与，发现知识，体验成功，获得发展。经过深度学习过程，学生不仅掌握学科核心知识和思想方法，而且有意识地感知学习过程，形成主动积极的内在学习动机和正确的价值观，不仅是具备独立性、批判性又有合作精神的学习者，更是未来社会历史实践的主人。[1] 由此可见，促成深度学习发生的条件包括：教师的引导、精心设计的教学材料以及学生深度学习的活动与体验，以下分别简要述之。

　　以德语语言学课程为例，所谓深度学习并不是指一般的学习者自学，而是需要教师的指导与支持。在信息时代来临，知识来源途径多样化的情况下，教师已不能满足于知识传递者的角色，而是需要重新认识教学的任务与功能。教学应当是引起学生对学科知识的学习愿望，促进学生自主学习活动的发生。教师不仅帮助学生承继人类语言研究的认识成果，而且要使他们在这个过程中感知、感受人类语言学认识的精髓，并激励学生在学习过程中质疑、批判、深度反思，促使学生逐渐形成自主发展的意志和才能，成长为能够明辨是非、有正确价值观、有责任有担当的未来社会实践者。教师的教学意识与能力水平以及精心设计的教学材料，是学生进行深度学习的重要基石。

　　精心设计的课堂教学材料是符合教学意图的结构化的、具有挑战性的教学材料。教师以语言学基础概念和具体理论知识为框架，结合汉德语言对比的思考，形成探究性语言问题。这些问题的主要思路是将宏观语言对比的目标转化为具有明确主题、可深入探讨的内容。语言学知识浩如烟海，语言对比又可在语言多个维度多个层面上进行。现有的德语语言学概论教材往往以德语语言为教学材料，汉德语言进行哪个角度的对比，需要教师在开展教学活动之前进行总体规划和具体设计。教学材料应当促进学生自觉反思和评论所学知识在知识体系中的地位与功能、优势与不足，自觉养成自主发展的核心素养。

　　"活动与体验"涉及学生的学习机制，是深度学习的核心特征，主要

---

〔1〕　郭华：《深度学习及其意义》，载《课程·教材·教法》2016 年第 11 期。

指学生作为主体和作为个体全身心投入学习时的内在体验。这种体验不是被动地接受知识灌输，也不是盲目试误，而是学生以教学活动主体的身份主动参与的有意识的学习活动。[1] 在教学实践中，教师利用富有挑战性的探究性问题拓展和丰富了学生的认知结构，通过布置多主题分组研究任务，充分调动学生的学习积极性。学生以小组为单位形成学习共同体，在规定时间内选择主题，以项目研究的方式对这些探究性问题展开研究。小组内成员分工，协作完成项目任务，并在课堂上进行成果展示，回应其他小组提出的问题，进行师生讨论和生生讨论，不断完善观点，达成共识升华。教师在整个过程中予以指导，帮助学生进行研究问题的反思。

如果将知识分为"是什么""为什么"和"怎么样"，那么深度学习就是在学习知识是什么的基础上，探究"为什么"，评价"怎么样"。在学习与体验的整个过程中，学生固然是为了学习专业知识，但也远不止于学习专业知识。学习知识本身只是手段，目的在于使学生可以成为主体参与者，体验知识发现的过程，了解知识背后所蕴含的情感态度、价值观等因素。语言与我们的生活息息相关，学生们在学习语言学基础理论的过程中，很容易将当下的学习内容与已有的语言学习和语言运用的经验建立起关联，进行融会贯通，有效地梳理学习内容。此时，静态的语言学知识被激活，在建构语言符号意义以及用语言学理论分析实际语言运用的过程中，学生解读与体验人类语言和语言学知识本身蕴含的丰富内涵，把握语言的本质。

在完成项目任务的过程中，学生了解到人类语言的共通性和差异性，进而领悟到人类思维模式、言语行为方式、文化范式的特征以及中西优秀学人的闪光之处、研究作品的观点和贡献，体会到发现知识的成就感和乐趣。我国古代尽管缺少语言学这个术语，但从周秦时期开始就有不少思想家特别重视语言现象，并作出了深邃的洞见，如《荀子·正名》中所论述的语言学说，语言是人类社会的产物，带有深刻的民族烙印，在维持稳定性的同时也是不断发展变化的。这样的思想早于西方近千年，至今仍具有现实意义。中国的语文学研究历史上曾有过不少经典的作品，比如第一部

---

[1]　郭华：《深度学习及其意义》，载《课程·教材·教法》2016年第11期。

辞书《尔雅》、第一部方言学著作《方言》、第一部系统的文字学著作《说文解字》、第一部语源学著作《释名》，等等。[1] 这些都是我们的语文学遗产和宝贵的文化财富，需要传承和传播。

在教师的引导下，学生在全部的学习活动中主动思辨，有根据地给出自己的态度与判断。在掌握专业知识的过程中与专业知识保持一定距离，养成自觉而理性的精神、德才兼备的品格和正确的价值观念，是深度学习区别于以往传递知识、盲目探究的最主要的特征，与课程思政育人目标本质上具有相同的内核。可以认为，课程思政是一种真正意义上的深度教学，所教授的知识也正是价值性知识，是对教育新时期发展目标的主动回应。

四、小结

思政育人背景下的外国语言学教学试图改善中外文化质和量不对等的问题，寻求跨文化沟通与交流的方式方法。将知识、能力、价值观引领有机地融入外语人才培养的全过程，使师生形成理念认同，并将其内化于心，外化于行，才能在外语教育中践行国家意识。思政元素主要是内源性而非外源性因素，即从专业课程内部催生出来的，而不是外在强加的。课程思政的内源性呼唤深度教学，诠释课程知识所蕴含的文化属性、文化精神，实现知识学习、能力培养与品格养成的相互统一。教师与学生的发展是相互成就的。所谓"学然后知不足，教然后知困"，在不断激发学生深度学习的过程中，通过教育将社会的期待转变为学生个人的意愿，教师也在成就自己，得到持续的发展。

---

〔1〕　文旭：《语言学课程如何落实课程思政》，载《中国外语》2021年第2期。

知识产权法课程思政协同建设研究

陶 乾*

引 言

课程思政建设就是将思政元素融入专业课程的课堂教学中，让学生在接受专业知识的同时，也将价值观念、伦理规范、政治观念、社会责任传递给学生，进而构建其各类课程与思政课程同向同行、多方协同的全员、全程、全方位的育人格局。[1]党的十八大以来，以习近平同志为核心的党中央对课程思政建设高度重视，通过一系列的纲要文件、重要讲话、座谈会、不断推动思想政治与专业课程的融合。2016 年 12 月，习总书记在全国高校思想政治工作座谈会上指出，要用好课堂教学这个主渠道，各门课都要守好一段渠、种好责任田，使各类课程与思想政治理论课同向同行，形成协同效应。[2]2020 年 6 月，教育部发布《高等学校课程思政建设指导纲要》，该纲要指出专业课程是课程思政建设

---

* 陶乾，中国政法大学法律硕士学院副教授。

〔1〕 张正光、张晓花、王淑梅：《"课程思政"的理念辨误、原则要求与实践探究》，载《大学教育科学》2020 年第 6 期。
〔2〕 吴晶、胡浩：《习近平在全国高校思想政治工作会议上强调 把思想政治工作贯穿教育教学全过程 开创我国高等教育事业发展新局面》，载《中国高等教育》2016 年第 24 期。

的基本载体，要深入梳理专业课教学内容，结合不同课程特点、思维方法和价值理念，深入挖掘课程思政元素，有机融入课程教学，达到润物无声的育人效果。[1]思想政治融入专业课程的探索不断深化，规范层面的依据更加完善，为高校落实专业课的思政建设指明了方向，提供了行动指南。

目前，高校的法学专业和知识产权专业会设置知识产权法必修课。在一些院校，知识产权法课程也是全校的通选课。从纵向的维度，既有本科阶段开设的知识产权法课程，也有面向学术硕士、法学法律硕士、非法学法律硕士、知识产权硕士开设的知识产权法课程。为了使知识产权法的学科建设、法学人才培养跟上时代发展，适应中国特色社会主义法治体系的要求，有必要立足于法学专业和知识产权专业特色，探索专业课程与思政融合之道。

在思政政治课程建设趋向完善的基础上，将思想政治教育融入专业课程中，发挥专业学习与思政建设的协同效用成为思想政治教育的重要抓手，课程思政建设的探索和尝试也初昂。同时我们也要认识到，思政课堂建设不是一蹴而就的，而是循序渐进、不断拓展与深化的过程。在新的形势下，思想政治课程建设既有新的发展方向和目标，但也存在着很多问题与挑战。对于课程思政建设的尝试通常从本科生开始，从民法、刑法等主干课程开始，对于知识产权法的思想政治建设的关注度较少，客观的经验能力不足。有鉴于此，本文以知识产权法课程为例，从教学内容的挖掘、教学方式的改进、教学保障的完善三个角度，提出课程思政协同建设的建议。

一、知识产权法课程思政建设的重要性

(一) 为知识产权强国建设储备德法兼备的人才

知识产权是科技创新和产业优化的重要支撑力量，随着知识经济的发展，知识产权日益成为国家间竞争的核心资源，关系到国家的主权与安全，大国之间的贸易战实际上是以知识产权为核心的科技实力之争。虽然

---

〔1〕 教育部：《高等学校课程思政建设指导纲要》（教高〔2020〕3 号）。

我国的知识产权正在实现快速发展，已初步建成知识产权法律体系，逐步走向知识产权大国，但是我国仍需不断提升对于知识产权国际规则制定的参与度和话语权，增强知识产权的转化运用，提高我国知识产权的核心竞争力。《知识产权强国建设纲要（2021—2035 年）》提出了知识产权的发展目标，计划到 2035 年我国要基本建成中国特色、世界水平的知识产权强国，形成全方位、多层次参与知识产权全球治理的国际合作格局。[1]无论是致力于提升国内知识产权发展的综合实力，还是要提高我国在知识产权议程中的话语权，都离不开德才兼备的高素质知识产权人才的培养。

2018 年，教育部、中央政法委《关于坚持德法兼修实施卓越法治人才教育培养计划 2.0 的意见》指出，卓越法治人才的培养要坚持以马克思主义法学思想和中国特色社会主义法治理论为指导，围绕建设社会主义法治国家需要，坚持立德树人、德法兼修，践行明法笃行、知行合一，主动适应法治国家、法治政府、法治社会建设新任务新要求，其中改革的重点任务之一就是厚育德，注重培养学生的思想道德素养，落实"一课双责"，让各门课程既要传授专业知识，又要注重价值引领，传递向上向善的正能量。[2]知识产权是一个法学、科技、经济深度结合的领域，需要复合型的知识产权人才，加强知识产权法课程思政建设是为了培养具有专业能力、大局意识、国际视野、奉献精神的新型知识产权人才，只有专业本领强、思政观念正，才能将国家利益放在个人利益前面，才能够在大是大非中保持清醒头脑、在利益诱惑中坚定立场、在国际社会上传递中国声音，成为知识产权强国建设的自觉践行者、推动者。

（二）培养学生形成正确的知识产权观念

知识产权法学教育培养的是专利代理人、商标代理人、知识产权师、知识产权法务、知识产权律师、法官、检察官等工作者。个人的是非判断、价值选择会影响其理解和运用知识产权法的良莠。懂法却违法的事例在知识产权领域也并不少见，有的人滥用技术优势，恶意排挤竞争对手，

---

〔1〕　中共中央、国务院：《知识产权强国建设纲要（2021—2035 年）》。

〔2〕　教育部、中央政法委：《关于坚持德法兼修实施卓越法治人才教育培养计划 2.0 的意见》（教高〔2018〕6 号）。

垄断市场；有的人滥用权利，恶意抢注商标；有的人为了谋取个人私利，泄漏国家技术秘密，损害国家利益。对于正处于学习阶段、社会经验相对不足的学生而言，他们尚缺乏分辨信息真伪、抵御不良诱惑的能力，将课程思政融入知识产权人才的培养中意义重大，是弥补这一短板的有用之举，目的是帮助学生正确理解知识产权法，并将法律知识落地为实践。

教师通过言传身教的带动、潜移默化的教学，带领学生理解正确的知识产权意涵，将诚实信用、公平竞争等知产价值观念传递给学生，突破单纯的知识教学的局限性，发挥知识与价值相辅相成的作用，[1]使学生具备公平正义的法律意识，高尚的道德品质，增强学生应对冲突和矛盾的综合素质和能力，在未来职业发展过程中真正体现出职业道德与职业素养。[2]只有在正确的价值观念的引领下开展知识产权法治工作，才能不滥用掌握的知识产权知识，才能引导权利人正确运用权力、用合法的方式转化利用知识成果，帮助受害者维护合法的权益、打击知识产权侵权，最终在全社会形成尊重知识产权、保护知识产权、正确利用知识产权的良好风尚。

二、知识产权法教学内容的思政元素发掘

知识产权法教学的思政建设在稳步推进，但融合效果参差不齐。首先，由于知识产权法课程体系中包括著作权法、专利法和商标法，这三个部门法之间的内容有所不同，这为在不同的部门法讲解中添加思政元素增加了很多难度，如果忽视知识产权法的特色，挖掘思政元素不深入，生硬融合的话，那么实际上还是专业教育和思政教育"两张皮"。其次，知识产权法律制度既涉及了国内法律，也涉及了国际知识产权条约，所以如何从国内和国际两个维度进行课程思政建设是知识产权法学教育需要关注的重点。思想政治虽然是一个宏观的概念，但是思政元素是可以落地的、具体的元素，教师不能大而宏之地讲宏观、抽象的理论，否则学生不仅提不

---

〔1〕 田鸿芬、付洪：《课程思政：高校专业课教学融入思想政治教育的实践路径》，载《未来与发展》2018 年第 4 期。

〔2〕 黄笑鹤：《法学专业教育与思想政治教育的关系及融合发展》，载《黑龙江教师发展学院学报》2021 年第 6 期。

起兴趣，还可能因为视觉疲劳产生排斥和逆反心理。知识产权法教师进行课程思政建设就是要在思想政治的指导下，去发掘知识产权中的思政元素，并进一步将思政和知识产权融会贯通，起到"1+1>2"的效果。具体而言，可以从以下三个方面入手。

(一) 立足中国特色的知识产权法律制度

知识产权发轫于 18 世纪的英国，西方世界主导了这一领域内所有的理论观点和价值输出。[1]我国早期的知识产权立法和实践也主要学习和借鉴西方现有规则和制度，虽然目前我国的知识产权建设已经走在世界的前列，但是中国特色的知识产权理论建设仍十分不足，甚至很多学者将西方的制度和理论奉为圭臬，在中国的语境下大力宣扬西方知识产权的优点，忽视了中国的国情，对于本土问题关注不够。大学时期是学生基本的知识框架和价值理念形成的关键时期，上述问题的解决必须从教学抓起，将思政融入知识产权课堂，有助于学生形成统一的价值认同，立足于我国的发展阶段开展知识产权的学习、研究和实践。

具体而言，教师应当立足于中国国情，设定教学思路。教师在讲解知识产权法的理论知识时，有时会呈现百家争鸣的学术探讨，立足于思政建设的要求，教师在讲授各派思想观点时，应当引导学生针对中国的经济发展情况、法律法规制度建设现状、司法实践等国情特色进行思考和应用，引导学生发现法律背后的价值判断和选择，让学生更加深谙在中国的国情下解决中国问题，提出中国方案。比如商标的取得有使用取得、注册取得之分，教师在讲授时要介绍不同的取得制度产生的背景、立法的考量、应用的效果，让学生在具体的国情之下进行立体的思考和判断。

(二) 发掘社会主义核心价值观等价值元素

知识产权法的理论体系中蕴含着丰富的社会主义核心价值观等价值元素，比如《商标法》规定了申请注册和使用商标应当遵循诚信信用原则，要求申请人不得损害他人的在先权利，也不得不以使用为目的恶意注册商标。该规定体现了对诚信这一价值观的弘扬，目的在于引导人们正确行使

---

〔1〕 董涛：《"中国特色知识产权理论体系"研究论纲》，载《知识产权》2013 年第 5 期。

权利，不得不当损害他人的合法权益；又比如，《著作权法》对于合理使用制度、法定许可制度、保护期限的规定是为了更好地平衡著作权人的人身财产权利与大众文化获取权利，体现了公共权利与私人权利之间的平衡。通过思想政治的价值元素来引导学生树立职业道德，增强法律职业的责任感，将自己的理想信念融入国家建设中。

另外，我国有着丰富的传统知识产权文化资源，在知识产权法课程中，要发掘知识产权法课堂中的传统文化元素，引导学生理解中华传统文化的思想精华和新时代下凸显的知识产权价值，树立对中华文化的文化自信和文化自觉。例如在讲解《著作权法》时可以挖掘中国传统戏曲等非物质文化遗产元素，引导学生思考非物质文化遗产是否能够作为作品进行保护，是否过了保护期而进入公有领域，如果可以作为作品其权利主体又如何确定，让学生在了解中国传统文化资源的基础上，进行知识产权的思考和判断，增强其对传统文化的认同感和保护的责任感。

（三）从全球化角度思考中国的制度话语权

中国的知识产权制度的发展历史逐渐从"冲击应对"走向"主动参与"。封建社会并不具备建立完整的知识产权制度的成熟条件，直至近代才出现系统的立法，清政府曾颁布《商标注册试办章程》《大清著作权律》，但囿于半殖民地半封建社会土壤，这些法律在实际实施的过程中反而成为帝国主义对华实施政治、经济、文化侵略的工具。新中国成立后，在相当长的时间里，我国的知识产权法治建设仍处于空白，随着改革开放的深入和经济的发展，我们逐渐认识到知识产权保护的重要性，知识产权立法不断完善，《商标法》（1982）、《专利法》（1984）、《著作权法》（1990）相继出台，中国在短短十几年内就建立了比较完善的知识产权制度，[1]并不断深化参与世界知识产权全球治理，从最初加入《成立世界知识产权组织公约》（WIPO），到现在参与并推动《区域全面经济伙伴关系协定》（RCEP）、《与贸易有关的知识产权协定》（TRIPs）、《跨太平洋伙伴关系协定》（TPP）、《全面与进步跨太平洋伙伴关系协定》（CPTPP）的

---

〔1〕 冯晓青：《知识产权法》（第3版），中国政法大学出版社2015年版，第38~39页。

签订。

在传统的教学中，教师更侧重于对知识点的讲解，对上述知识产权的发展演变、修订的历史背景、立法考量关注较少，学生对于国家知识产权保护的战略方针知之甚少，思考问题缺乏深度和广度，使得法律学习与实践运用相脱节。近年来，知识产权问题已经成为国际谈判的争锋点，教师要将思想政治建设融入知识产权教学，将国家知识产权战略、知识产权制度立法沿革、全球知识产权合作进程等有机融合在具体的知识点讲授中。比如在讲授版权及相关权利的保护期限时，可以横向对比我国的著作权法与 TRIPs、TPP、RCEP、CPTPP 的规定，讲解为什么有的条约对此作出了规定，有的却对此搁置；对于作出明确规定的，其达成统一的基础是什么，哪些主体对此起到了主导作用，哪些主体对此作出更多的妥协与让步；中国在此扮演了一个什么样的角色，等等。让学生了解中国在全球知识产权全球治理中面临的机遇和挑战，能够在学术研究中提出知识产权保护的中国标准、形成中国特色知识产权理论体系，在知识产权实务中帮助中国企业防范风险，促使中国不断提高国家谈判和国际协调的硬实力，提升中国知识产权全球治理的话语权。

三、教学方法激发学生独立思考知识产权问题

多数高校将知识产权法作为一门课，而非按照部门法拆分成三门课，课时安排并不充足，因此老师需要在较为紧张的课时安排中将教学内容传授给学生，将思政融入知识产权法课堂意味着对教师的融会贯通、重点提炼、时间协调的能力提出了更高的要求。但是有的教师未相应调整教学方式和方法，仍采用传统的灌输式的教学方法，未能很好地形成育人合力、发挥出课程育人的功能。另外，培养学生探索求知的科学精神也是思想政治建设的内容，因此除了教学内容的改进，教师还要根据课程特点改进、创新教学方式方法，以学生乐于接受的方式传授课程思政。教师对于课程的讲解的方法可以从以下两个角度进行改进。

（一）知识产权法新型问题的研讨式教学

知识产权法思政课程的建设必须改变以往单向灌输的教学方式，探索丰富多彩的教学形式，化被动学习为主动学习，打造启发式、互动式课堂。课程讲解可以从融合思政元素的热点素材导入，引发学生的兴趣和思考。比如2018年最高人民法院下发《关于加强"红色经典"和英雄烈士合法权益司法保护 弘扬社会主义核心价值观》的通知，强调要依法正确界定受著作权法保护的红色经典作品类型、权利属性和类别，对于侵害著作权及相关权利的，要明确侵害人身权或者财产权的具体权利范围。[1]在讲解著作权的权利归属时，可以引入梁信诉中央芭蕾舞团《红色娘子军》案，启发学生对红色作品保护和利用的思考，让学生在中国特定的文化、经济、政治背景去思考基于原始素材或者文字作品而创作的红色文字作品的权利归属、权利的主体地位分配、权益的衡量标准等问题。[2]通过对该红色作品著作权保护的互动和讲授，激发学生的民族自豪感和历史认同感，更好构筑中国精神、中国价值、中国力量。

由于知识产权的很多理论或者概念较为艰涩难懂，因此在课程讲解中要可以多引入一些案例来阐述理论问题，鼓励学生进行开放式作答，在观点的切磋过程中引导学生进行正向思考，加深学生对于知识产权法思政内容的理解。比如在讲授专利侵权行为的认定的方法时，学生可能对等同原则与相同原则，上位概念与下位概念等存在混淆，因此需要教师通过实例进行抽丝剥茧地讲解，让抽象的理论具象化，同时鼓励学生提出自己的见解或者疑惑，培养学生的逻辑分析能力和严谨的求知态度，实现思政育人的目的。

(二) 知识产权法实践教学的思政融入

当下对知识产权法律人才的培养目标更加侧重于培养高层次、应用型、复合型的法律人才，因此知识产权法课程建设应当兼顾学术与实践，为此有必要强化实践教学，提升学生的实践能力和综合素质。

一方面，教师可以与法院、律所、公司等实务部门的优质资源进行合

---

〔1〕 最高人民法院：《加强"红色经典"和英雄烈士合法权益司法保护 弘扬社会主义核心价值观》（法〔2018〕68号）。

〔2〕 王峰：《作为社会争议的版权纠纷——以芭蕾舞剧〈红色娘子军〉侵权案为例》，载《南大法学》2021年第5期。

作，将某些案件的主办法官、律师、法务请到课堂中讲解知识产权法律实务。比如在讲授著作权的侵权判定时，邀请实务专家在案例研讨环节进行实务分享与交流，让学生更深层次地了解案件容纳侵权判定的步骤和方法、分析逻辑、审判思路、裁判价值导向，引导其树立正确的价值观，领悟著作权的价值内涵。

另一方面，要加强知识产权课堂与法律诊所、法律援助的连接，教师要带头参与其中，通过选取一些适用课堂教学的真实案件，让学生担任"代理人"的角色。对于法律咨询案件，学生可以通过会见当事人、撰写法律意见书的形式进行实务锻炼；对于涉诉案件，可以在教师的指导下以小组合作的形式进行当事人会见、案件讨论、策略分享、撰写代理意见、模拟法庭或仲裁庭成果展示，教师根据过程进展情况对此进行量化打分。

四、教学保障提升教师知识产权法思政融合能力

知识产权法课程思政建设并非一个轻松的任务，它需要调整教学思路，对课程内容进行细致地挖掘，这需要教师大量的时间和精力的投入，如果只是单纯的倡导、期待教师自觉的参与，课程思政建设就不会真正地得到落实。思政课堂建设的成效与教师讲思政的能力息息相关，所以应当从教师能力提升、教师评价机制优化两个维度，做好教学保障工作。

（一）开发知识产权法优质教学资源

好的知识产权法思政课堂离不开优质的教学资源，对于知识产权法课程而言，无论是课程的专业知识还是案例素材，都会随着经济社会的发展、思想认识的深入而不断变化，先前出版的教材的内容可能存在一定的滞后性，为此有必要适时更新教学资源，让教材更好地服务于课堂需要。

要推动教材创优，做好知识产权课堂思政建设的基础工作。教育管理部门、高校要做好教材编纂的组织、动员工作，编撰出版适合思政教学的知识产权法教材。教材更新要在课程目标设定、课程大纲的确定、课程内容编写上下足功夫，将思政元素与知产知识相结合。

要丰富知识产权法思政课堂建设的案例素材库，发挥优秀案例的知识和价值引领作用。由于案例库的建设是一个较为复杂的系统性工程，因此要动员优秀高校的知识产权教师参与到案例编写中来，保证案例素材与时俱进，满足教学需求。同时，要加强案例遴选，严格案例入库的标准，让具有典型性、代表性、正确价值导向的知识产权案例入库。除了案例素材内容的更新，还要丰富其表现形式，在以文字表述为主的前提下，可以辅之以图片、视频等多元的表现形式，增强案例的生动性和趣味性，更好地帮助学生消化、理解知识内涵。

（二）激发知识产权法教学中思政融入的活力

教师作为传道授业解惑者，自己要"知道、信道"，所以需要补足部分教师在思政政治理论知识储备薄弱、挖掘思政元素经验不足的问题。首先，由于课程思政探索是一个庞大的系统工程，因此可以整合知识产权教学团队的力量，在教学资源的收集、整合，经验分享等方面开展广泛的分工、合作，协力推进知识产权法课程思政建设。其次，要广泛开展经验分享，通过开设研讨工作坊的形式，让优质知识产权思政课程的教师分享经验，为教师之间互动研讨提供平台机会。再次，要打造标杆性示范课堂，通过组织优秀知识产权思政课堂观摩活动来促进思政融合经验的传递，以典型带动全体，在全校形成讲思政的良好氛围。最后，要加强相关项目支持引领，加大对思政融合方向的倾斜支持力度，鼓励教师开展课堂思政融合的理论和实践研究。在一定时期内对其思政融合的科研、实践给予资金、政策等全方位的支持。

推动知识产权法课程思政建设，激发知识产权法教学中的思政融入的活力，还需要增强对思政课堂建设的支持力度，让教师能够在课程思政建设有所成就、有所收获，为此还应当从教师评价体制上入手，发挥教师的主观能动性。对于知识产权法教师的评价，通常集中在发表的论文、取得的项目、获得的专利等方面，存在一些"重科研，轻教书育人"现象。为此，应当提升教学成果在教师评价标准中的比重，完善教师评价体系。通过构建科学多元的评价指标，完善知识产权教师的考核机制，将思政标准放在教学能力评价的首位，并将考核结果作为评奖评优、职务晋升、薪资奖金的参考指标，改变只重视科研晋升、不重视教学的现象，让教师可以将更多的精力投入教学中来，更多地关注课程思政融合。

五、结语

在当下中外经济贸易合作与竞争并存的态势之下，全面推进依法治国，建设中国特色、世界水平的知识产权强国，构建开放、包容、公正的全球知识产权治理体系，需要培养德才兼备的复合型知识产权法律人才，需要知识产权专业知识与思想政治要素实现"如盐化水"般地融合。虽然目前高校课堂思政探索初显成效，但是知识产权法课程思政建设的经验不足，协同育人效果仍有完善空间。为此，高校要强化知识产权法课程思政建设统筹谋划、整体布局，引导、支持、保障课程思政建设；学院要将学校层面的方案细化执行，做好日常管理工作；教师要发挥自己的主动性和能动性，提升自己讲思政的能力，发掘知识产权法课程中的思政要素，不断改善教学的方式方法，让学生在潜移默化、耳濡目染中塑造正确的价值观念、政治理念，将德行真正地内化于心，外践于行，实现课程育人的目的，为社会主义法治建设培育法律后备人才。

涉外法治人才培养视域下的国际课程教学刍议 [*]

张鹿苹 [**]

"坚持统筹推进国内法治和涉外法治"是习近平法治思想的重要内容。涉外法治人才的培养是其中的重要环节。中国政法大学通过多元渠道培养涉外法治人才，主要包括本校开设的国际课程、境外交流交换项目、国际竞赛及国际学术会议等。笔者以2021年至2022年秋季学期为例，从国际课程概述、教学反思和涉外法治人才培养三个方面浅谈国际课程教学的意义。国际课程概述主要介绍开设课程的整体情况，所涵盖的议题和师资配备，尤其以笔者所开设的《国际航空法简介》课程为例。该国际课程的教学经验奠定了本篇刍议的实证基础。同时，在涉外法治人才储备的时代背景下，如何进一步完善国际课程的教学是下一步需要攻关的重要议题。

一、国际课程概述

国际课程是指国（境）大学有正式教职的外籍或中国籍教师、国（境）外实务部门的业务专家，或有开设国际课程资质的校内教师开设的、以英语为授课语言、直接使用英语资料为教辅

---

* 本篇论文为中国政法大学科研创新项目（21ZFG82008）和中央高校基本科研业务费专项资金资助。

** 张鹿苹，中国政法大学国际法学院讲师。

资料的专业类课程。[1] 授课老师包括国内教师和国际教师。以 2021 年至 2022 年秋季学期为例，全校对本科生开放 43 门国际课程。以国际法学院为例，董京波副教授开设了《美国法庭技巧与论辩》，覃华平副教授开设了《国际商事仲裁程序与实践》，丁如副教授开设了《WTO 法律与政策》，张鹿苹教授开设了《国际航空法简介》。这四门课程分别涉及了美国法、国际仲裁、国际经济法和国际航空法。

国际课程的设立不仅是为学生选课提供了更多选择，更为学生们扩宽国际视野奠定了重要基础。为了确保国际课程的英文授课质量，中国政法大学对于国内老师开设国际课程严格把关，设置了面试环节。

以笔者 2021—2022 年新开设的《国际航空法简介》为例，开设课程需要提交相关课程的英文大纲，并在申请表中对于海外经历及其语言水平，课程材料及其政治导向性，课程专业性和课程开设必要性进行说明。其次，开设课程的老师需要进行二十分钟的英文面试（含提问时间）。

在开设《国际航空法简介》时，笔者对于其主旨设立如下。该课程的开设旨在激发同学们对于探索国际法前沿问题——国际航空法的兴趣。我国正从民航大国迈入民航强国，国际法的边界也拓展到航空和航天领域。在科技发展的新时代，熟练运用国际法规则维护我国的主权和利益是本课程的重要目标之一。该课程将为同学们介绍该领域带来的挑战和机遇。马航 MH370 事件如何处理？新冠疫情下中美之间停航涉及哪些法律问题？遇到国际航班延误该如何维权？从宏观到微观层面，本课程将解答多元化的法律问题。该课程对于先置课程无要求，但是国际公法、国际私法和民法的学习对于本课程有帮助。

该课程建立在如下基础之上：随着中国在航空产业的重要地位的提升，我国对于航空航天法的教育愈发重视。中国政法大学目前开设了针对国际留学生的国际航空法简介课程。同时，航空法相关课程内容也逐步渗透在国际私法等课程教学中。本次计划开设的国际航空法简介（英文课程）也是对于推进航空法的国际化教育的一次尝试。希望通过本课程激发

---

[1] 《中国政法大学国际课程建设管理办法》第 2 条。

学生对于国际空天法的学术和职业兴趣。此外，对于课程的教材选取为航空法类的经典教材 *Introduction to Air Law*。[1] 由 Pablo Mendes de Leon 教授修改的最新版本为第十版。

教学方法与手段如下：本课程采取授课制和案例教学相结合的方式，旨在推动与学生之间的互动。在介绍课程的实体法部分时，本课程主要以授课制的方式夯实基础。同时，基于小班教学的优势，可以按照课题将学生分组，针对实践中的案例进行讨论。

除了以上客观陈述外，下列主观支撑，也对国际课程的长远发展具有重要影响。对于开设课程的老师而言，海外经历及语言水平对于课程教授的水平至关重要。笔者在入职中国政法大学之前在海外留学和工作了七年，并有在联合国贸易发展委员会（UNCTAD，日内瓦）和国际民航组织（ICAO，蒙特利尔）两个国际组织的实习经历，负责处理国际贸易和国际航空法相关事务。在国外教学方面，曾在多所外国大学有授课经验。这为本课程的开设奠定了一定基础。笔者所开设的课程另有一特殊性，即依托该领域重要的研究中心。中国政法大学航空与空间法研究中心成立于2007年初的中国政法大学航空与空间法研究中心，是国内第一家专门致力于航空与空间法研究的学术机构。中心依托中国政法大学国际法学院，在整合现有的航空与空间法教学力量的同时，积极开展对外交流与合作。国际航空法教学的开展亦是推进航空航天法教育专业化的重要组成部分。从这点意义上而言，也佐证了教育工作者一个长期思考的问题，即教学和科研的关系。教学和科研在形成相互促进关系的时候才可以使得学生和老师都成为最大受益者。

二、《国际航空法简介》的教学反思

（一）国际课程的整体反馈

《国际航空法简介》一学期的授课收获诸多反馈。国际课程因为小班教学，所以课程容量设置为30人。该课程选课人数为13人。根据教学质

---

〔1〕　Pablo Mendes de Leon, *Introduction to Air Law*, Wolter Kluwer, 2017, p. 1.

量评估报告，13 人中共有 10 人填写了反馈。本课程的教学主要基于附件中所罗列的教学大纲（Syllabus）。学期伊始，该大纲已经分发至学生，并按照此大纲推进教学进度。从报告和日常与学生的交流中可以看出，大部分的学生对于国际课程的教学质量表示满意。从主观反馈中，对于课程的满意度主要来自学生对于互动的偏好，课程逻辑体系清晰和相关延伸知识的学习乐趣。但是也有学生课下表示，虽然授课中所涉及的知识丰富，但是作为以中文学习为主的法学本科生，对于诸多英文专业词汇理解的障碍一定程度上影响了对于课程实质内容的吸收。

（二）英文教学大纲

与中文法学教育相比，英文教学大纲对于学生的学习指导意义更直接。在《国际航空法简介》的授课过程中，教学大纲设计除了指定一门课程教材之外，每周规定了必需阅读（Compulsory reading）和推荐阅读（Recommended reading）各一篇。在中间还穿插了对于经典案例的学习。英文教学大纲中对于每节课的知识点也作出简单罗列，为学生的上课提供一个路线图（Roadmap）。

英文教学大纲的主体内容设计如下：

1. 课程简介（32 课时，2 学分）

本课程旨在激发同学们对于探索国际法前沿问题——国际航空法的兴趣。该领域是一个新兴的行业。本课程将为同学们介绍该领域带来的挑战和机遇。本课程无先置课程的要求，但是需要国际公法、国际私法和民法的学习。

本课程主要内容包括：芝加哥公约、航空安全、航空责任和争端解决等重要内容。学习的视角将从比较法的角度出发，并从国际法律体系中吸取案例和经验。

2. 课程评估

课堂出勤和表现占 30%，课程论文占 70%。学生在有正当请假事由的前提下可以请假两次。课程论文正文字体为 12 号，双倍行距，脚注字体为 10 号，边距为 1 寸。课程论文请在最后一次课堂结束前提交。禁止迟交论文。

3. 课程材料

本课程的推荐材料是 Pablo Mendes de Leon, *Introduction to Air Law*, Wolter Kluwer, 2017。其余阅读材料将列入下列教学大纲。

4. 工作时间

张鹿苹博士欢迎各位学生积极提问。

表 1　课程安排

第一节课	航空法简介	国际航空法的历史 国际航空法的法源 不同国际航空组织的角色 必读：教材第一章 选读：期刊论文一篇 （下同，略）
第二节课	芝加哥公约	公约历史 公约框架和系统 国际民航组织
第三节课	国际法下的航空服务运营	百慕大 I 协议 百慕大 II 协议 开放航空协议
第四节课	航空责任：航空法中的合同性责任	华沙公约体系蒙特利尔公约体系
第五节课	乘客权利保护	乘客权利保护简介欧盟法规 261/2004 中国的乘客权利保护规定
第六节课	航空责任：航空法中的非合同性责任	航空产品责任 航空第三方责任
第七节课	航空责任：航空法中的非产品责任	环境保护责任
第八节课	航空安全	1. 航空安全的概念 2. 双边航空安全合作 3. 航空安全组织

续表

第九节课	航空安保 I	1963 年东京公约 1970 年海牙公约 1971 年蒙特利尔公约
第十节课	航空安保 II	北京公约和协议 2010 非理性乘客
第十一节课	航空安保 III	新科技和网络安全
第十二节课	国际民航的争端解决机制	1. 国际民航组织理事会的角色 2. 国际法院
第十三节课	拓展边界：航天法简介	1. 国际航天条约 2. 中国的航天工程
第十四节课	国际航空法中的中国声音	国际组织中的代表性 C919 大飞机制造
第十五节课	航空法案例分析	
第十六节课	复习和职业指导课	
其他推荐读物： 第一部分：专著 第二部分：期刊 第三部分：网站 （具体信息略）		

实际上，考虑到本课程为简介类课程，且授课对象为本科生，教学大纲中的阅读量已经相应减少。但根据学生后续上课情况而言，部分学生由于初次接触英文法学教学，对于英文阅读和写作仍觉吃力。在本课程的后续开设中，应对此部分进行相应调整。

（三）进阶的教学过程

在课程的第一堂课简介中，笔者将所有课件内容设置为英文，且口语表述皆为英文。第一堂课后征询学生意见后，自第二堂课作出如下调整：第一，将课件中的专有名词和重难点英文表述附上中文翻译；第二，将口语表述中的重要知识点再以中文复述。在后续课程的推进中，为了帮助学生进一步地理解英文框架中的体系，在第一节课亦将三节课的课程提纲统一陈述再进行讲解。

但囿于学生英文水平的限制和航空法的技术术语较多的特点，课程中的英文互动效果略低于预期。于此，在某节课课前，笔者提前布置学生关于某一则航空法相关英文新闻，并于课前选取个别学生陈述。在提前布置的作业中，学生们的英文表达更加流畅。另外，本课程设置的平时考察为一页纸的案例分析和 3000 字左右的英文航空法论文。在完成相应作业前，笔者分别就如何分析英文案例和如何撰写英文论文进行讲解。但从学生提交作业的质量来看，短篇的案例分析回答得较好，而对于用英文撰写论文把握能力尚有较大进步空间。但学生们所展示出的学习曲线（Learning curve）值得欣慰。同时延伸出下一个问题，国际课程的最终目的是否帮助学生形成国际化思维值得进一步思考。

三、国际课程与涉外法治人才培养

国际法学是涉外法治研究的基础。加强涉外法治专业人才培养是涉外法治建设的基础工程。我国学者对于国际法学科建设的发展方向和国际法学是否应列为一级学科作出深入探讨。国际法学界高度关注涉外法治人才的顶层设计和实现路径，对于多层次的涉外法治人才，包括涉外法律服务人才、涉外司法人才、未来国际组织后备人才等培养目标、方案和资源配置建言献策，并探索与涉外法律斗争实践相结合的具体路径。[1]

重视国际法学在涉外法治研究和涉外法治人才培养中的作用。根据涉外法治人才实际需求，逐步扩大提高以国际法为培养特色的法学本科专业在校生规模是其中一条重要路径。国际课程的教学应当为此目标服务。在一学期的《国际航空法简介》课程教学后，笔者对于如何通过国际课程的

---

〔1〕 参见杜焕芳：《涉外法治专业人才培养的顶层设计及实现路径》，载《中国大学教学》2020 年第 6 期；王瀚：《涉外法治人才培养和涉外法治建设》，载《法学教育研究》2021 年第 1 期；黄进、鲁洋：《习近平法治思想的国际法治意涵》，载《政法论坛》2021 年第 3 期；马怀德：《迈向"规划"时代的法治中国建设》，载《中国法学》2021 年第 3 期。

开设更好为涉外法治人才的培养服务的问题进行了深度反思。

反思的着力点主要集中于两点：第一，何为真正的具有国际视野的涉外法治人才？第二，"外语"＋"法学"的模式是否可以服务于这一目标？第一个问题要从师资中找寻答案。笔者曾在涉外法治夏令营的开营仪式中说道，只有前 1% 的老师才有可能培养出前 10% 的学生。[1] 比如孙阳老师开设的《美国知识产权与网络法律前沿》，其课程简介为："美国作为网络技术发源地和知识产权大国，在网络与知识产权前沿领域的立法和实践具有标杆的示范作用。因此，研究和学习网络与知识产权的前沿领域，美国的立法及相关实践是良好的教学资源。本课程是面向全校学生开设的知识产权专业选修课程，通过互动授课模式，注重培养学生使用英语进行口头表达及课堂参与的能力，尤其强调学生对于网络以及知识产权的相关法律问题、英语表述的掌握。课程通过全英文授课，探讨网络和知识产权前沿问题，提升学生的英语听说表达能力以及逻辑思辨能力，拓宽学生视野，开阔学生思维，最终提高学生对新型法律问题和现象的接受、分析、论证和解决能力。"[2]

一类是前沿的国际法课程，如丁如副教授所开设的《WTO 法律与政策》。其开课目的为："维护多边贸易体制，支持世界贸易组织（WTO）改革是我们国家在国际治理层面的大战略和大方向。为了进一步培养能够熟练掌握和运用多边贸易规则的涉外法治人才，开设此门课程。WTO 的规则和案例均是以英文为载体，所以熟练掌握 WTO 领域的专业表达，并熟练运用英语进行推理和辩论，是 WTO 领域法律人才必须拥有的基本素质。这门课程以培养符合国家战略需要，符合国际治理需求的人才为出发点和目标。"[3]再比如孙萌老师所开设的《国际人权法》，其课程开设的目的

---

〔1〕 此句中的量化概念只是为大约概念，并不表示笔者赞同应当用数据化的方式衡量老师或者学生。对于教育的终极意义，笔者赞同爱因斯坦所言，"Education is what remains after one has forgotten everything he learned in school"。

〔2〕《2021—2022 学年秋季学期校内教师国际课程推荐》（二），载法大国际交流处公众号，https://mp.weixin.qq.com/s/Do08vmIBmGen0skvtco7Sw，最后访问日期：2022 年 1 月 28 日。

〔3〕《2021—2022 学年秋季学期校内教师国际课程推荐》（一），载法大国际交流处公众号，https://mp.weixin.qq.com/s/jDDY7VHSQXrNYNCC_uBTlg，最后访问日期：2022 年 1 月 28 日。

即着眼于涉外法治人才培养，例如："开设目的主要包括如下三个方面。第一，符合中国参与人权全球治理的需要。近年来，中国在国际事务上采取了积极进取的战略，并在国际人权法的理论与实践方面取得了显著的成就。为了进一步提高中国在国际人权问题上的话语权，国家需要更多的人才参与到国际组织，尤其是联合国人权机制当中。本课开发的目的首先是着眼于这一需求。第二，符合国家对于国际型、专业型和实务型人才的需要。随着中国国际地位的提升，中国未来在人才领域中的需求更加细化和专业化，鉴于目前具有国际视野、国际法知识背景，特别是具备国际实务技能的人才非常稀缺，培养这种国际化的、高层次人才是非常重要的。第三，全国高校当中具有引领和示范作用。中国政法大学的人权法教学在全国高校当中具有引领和示范作用，也是我校非常重要的一个特色学科。其中，国际人权法这一课程的开发在国内人权教育体系中处于领先的地位，也是人权法学科中的核心课程。这一课程的开发是中国政法大学人权法学科建设和教学成就的一个重要体现。"〔1〕具体而言，"国际人权法课程的开发，旨在引发在校学生对于国际人权法的研究兴趣，并培养其今后的参与国际组织等国际实务工作的就业能力。为了实现这一设想，本课程的开发，一是应将以国际人权法的理论为基础，密切结合国际人权法的实务进行讲授。这样的教学设想一方面，意在让国际人权法贴近同学们的生活，拓展选课同学的国际视野，激发他们对于国际人权事务的兴趣。另一方面在教学当中，发掘国际人权法领域的研究型或者实务型人才，因材施教，进一步打造人权法学学科建设和人才培养的品牌。二是课程注重将科研成果在教学计划中的快速转化，用科研成果带动教学内容的更新，用教学促进科研发展，实现教学相长。"〔2〕

前一种类型的课程，对于培养涉外法治人才的意义在于"他山之石"。在知识层面，了解任何一国的法律对于学习中国的法律都具有一定的借鉴

---

〔1〕 《2021—2022 学年秋季学期校内教师国际课程推荐》（二），载法大国际交流处公众号，https://mp.weixin.qq.com/s/Do08vmIBmGen0skvtco7Sw，最后访问日期：2022 年 1 月 28 日。

〔2〕 《2021—2022 学年秋季学期校内教师国际课程推荐》（二），载法大国际交流处公众号，https://mp.weixin.qq.com/s/Do08vmIBmGen0skvtco7Sw，最后访问日期：2022 年 1 月 28 日。

意义。从教学方式层面，笔者以在硕士阶段在美国法学院接受的案例教学法[1]为例，该种方法所提倡的苏格拉底式的诘问式的教学方法未必适合我国本科阶段的法学学生。因此在国际课程的开设和教学方式上都应当引起思考。从后一种类型的国际法课程而言，笔者认为这一类的课程对于老师本身的教学水平提出了较高要求。如同样开设国际航空法，如若笔者所教学的水平与国外同水平大学的老师教学水平相对持平，即为我国学生提供了一个较为平等的了解国际法的学习平台。这一点本身就为涉外法治人才的培养奠定了重要基础。至于对于同一门课程的教学角度和方法，因为文化传统和语言不同引起的对国际法的认知不同则无可厚非。实际上国际法的包容性亦体现在对国际法教学多元性之中。[2]这点可以对比中国政法大学外籍老师开设国际课程的教学目的。无论是比较法视角还是国际法视角，其着眼点更加注重外国视角。如 Marylise Hebrad 教授开设的《法国与欧盟公证制度》，其课程介绍为："该门课程主要讲述公证制度在法国和欧盟的发展历程及当前在民商事领域的重要作用：公证制度触及个人与家庭的各个方面，对其财产关系也产生深远影响。在公证实践中，公证人将更多地处理涉外家庭事务。在西方社会中，公证员起到诉讼的预防功能：他们保障财产转让、婚姻契约以及遗嘱继承的交易安全，同时也是当事人各方中立的文件起草者与保存方。得益于其在社会中的实践经验，公证人还是法律规则的创制者。为了应对社会的新需求：例如老龄化社会的养老问题，以及新型的合同形式，公证员能提出制定新规则的建议。"[3]再比如 Gary Paul Rose 教授开设的《比较公司法》，其课程简介为："律师、政策制定者、高管甚至小型企业与外国公司和国际金融市场的互动正日益加

---

〔1〕 参见 Anthony Kronman, *The Lost Lawyer*, Harvard：Belknap Press，1993，p. 169。该书的作者为美国耶鲁大学法学院的 Kronman 教授，对美国法学院该培养何种法律人才作出反思。同时关于案例教育法请具体参见第四章第二节的兰德尔的法律几何学。

〔2〕 在此问题上，国际法学界的辩论已从国际法传统命题，即"国际法是不是法"转移到"国际法是不是国际性的"。参见 Anthea Roberts, Is International Law International, Oxford University Press，2019，p. 32。

〔3〕 《2020—2021 学年夏季学期国际课程推荐》，载法大国际交流处公众号，https://mp.weixin. qq. com/s/HZ9QAFnPH2Z-XvP_cbSuOw，最后访问日期：2022 年 1 月 28 日。

强。本课程将从比较视角对国际企业实务中所产生的重大公司法问题作一个基本介绍，但本课程将主要关注美国公司法，因为它是针对美国法律专业学生讲授的。本课程将重点讨论有关法律选择、债权人和股东权利、公司治理结构、监管机构和股东执行信托责任、内幕交易和并购等问题。在每一种情况显然需要咨询当地的律师或顾问，作为律师应该大致了解一下主要的比较差异。"[1]

最后回答第二个问题，即"外语"＋"法学"的模式是否可以服务于培养涉外法治人才的目标。当前的涉外法治人才的培养基本思路之一就是"外语"＋"法学"。国际课程的设计也基于这样的初衷。此种模式固然为培养涉外法治人才奠定了重要的基础，但却不可等同于涉外法治人才概念本身。换言之，涉外法治人才概念的外延大于"外语"＋"法学"，其中一个必不可缺少却未明示表达的元素是思维方式。而对本科生而言这样思维方式的开局就是学习他山之石并开始自主思考。从这个意义上而言，前述两类国际课程的开设对于培养涉外法治人才而言必不可少。因而，在后续的国际课程的教学中，应当从培养涉外法治人才的角度对于授课进行深耕，而非仅仅作为国际化信息的传声筒。

〔1〕 《2020—2021 学年夏季学期国际课程推荐》，载法大国际交流处公众号，https://mp. weixin. qq. com/s/HZ9QAFnPH2Z-XvP_cbSuOw，最后访问日期：2022 年 1 月 28 日。

混合式教学探究与实践
——以跨文化交际课程设计为例

一、引言

教学始终是高校的核心工作。2020 年后全球性的新冠肺炎疫情对大学教学产生前所未有的重大影响。教育部明确提出"停课不停教，停课不停学"的指导要求，在师生无法到校的现实困境下，国内各高校纷纷基于不同网络教育平台、直播平台、社交媒体，采用直播、录播、慕课等多种授课模式开展在线教学。在线教学具有学习便捷、学习机会平等、提供个性化学习体验的优点，但也存在师生情感疏离、学习互动不足、学习监督缺失等局限性。而传统课堂教学在知识传授、实时互动、师生情感关照、教学效率上仍具有在线教学不能完全替代的特点。

在国内疫情获得稳步有效控制的背景下，各高校逐步恢复常态化教学。但这是一种新的常态化教学，它是需要时刻面对因受地域性疫情防控政策影响，部分师生无法在校的动态、突发的新常态；它是需要满足不同学生个别化学习需求的新常态；它是需要构建不受特定教学物理环境与固定学习时间限制的学习时空的新常态。在线教学与课堂教学相结合的混合式教学为新常态化教学提供了有可为的教学实践"土壤"。广大一线教师对混合式教学进行着热情而有益的探索，据统计国内有近 70% 的高校教师开展了混合式教学。[1]以学为本、重视互动、要求信息素养能力、强调精细教学设计的混合式教学成为解决新常态下教学困境的一种必然选择。

本文在系统梳理混合式教学概念、探究它的学理基础、归纳常见的混合模式、讨论其教学原则的基础上，提出营造混合式学习环境的一般性思路。进而，以跨文化交际课程为例呈现"直播课堂教学、构建虚拟学习空间、叠加包学习形态"的混合式教学实践，并以该课程"非言语交际"教学单元的五环节混合教学设计做具体说明，旨在探索混合式教学在外语类课程教学中的应用及与同仁进行切磋和交流。

二、探究混合式教学概念、学理基础、模式与教学原则

混合式教学是混合式学习（Blended learning）在国内教学语境中的"本土化概念"。[2]它初始应用于国外的培训行业，现在则越来越多地在各级各类教育中被广泛实践。混合式教学被认为最初由北师大教育技术学者何克抗教授介绍到国内。[3]高被引的混合式教学概念来自美国杨百翰大学学者 C. R. Graham，混合式学习被界定为"面对面的教学与计算机支持的教学相结合的教学模式"，[4]其编著的混合式学习早期研究合集经常被其后的学术论文或报告所引用。此外，还存在一种以比例划分教学模式的概念界定方式，从事在线教育的美国斯隆联盟认为达到一定在线学习比例的课程教学就是混合式教学。另外，也有学者从系统视角对混合式教学形成

---

〔1〕 郑静：《国内高校混合式教学现状调查与分析》，载《黑龙江高教研究》2018 年第 12 期。

〔2〕 李曼丽、詹逸思：《混合学习及其支撑因素：利用技术提升教学效果的复杂性探讨》，载《中国大学教学》2017 年第 4 期。

〔3〕 叶荣荣、余胜泉、陈琳：《活动导向的多种教学模式的混合式教学研究》，载《电化教育研究》2012 年第 9 期。

〔4〕 C. R. Graham, "Blended learning systems: definition, current trends, and future directions", in C. J. Bonk & C. R. Graham ed., *Handbook of Blended Learning: Global Perspectives, Local Designs*, San Francisco, CA: Pfeiffer Publishing, 2006, p. 5.

更为广义的理解，[1]认为它是一种体系，包括学习者、教师、技术、内容、学习支持和机构六个维度。但较为共识的看法则是，混合式教学结合了面授教学与在线学习的优势，它特别强调学习者学习方式的转变。由上可见，混合式教学不只是简单的教学形态和技术变革，更是教学理念的转变：从教到学、以教促学、共同学习。

建构主义理论伴随着现代教育技术的突破与演变而不断获得发展，它的学习理论可支持人们对混合式教学的学理认识。建构主义学习理论认为：知识是学习者在与环境交互作用中建构起来的，它要求学习者的学习主动性与积极性，学习者能够进行基于情境和基于问题的学习探究。建构主义学习理论指导下的教学设计，突出学习环境设计与自主学习策略设计；在学习方式上，它提倡合作学习与主动学习。具体而言，在合作学习中，学习小组是合作学习的核心要素，学习获得他人支持，共同的学习活动对学习有最大促进作用，协同解决问题可以获取最大学习成效以及发挥个体学习者的潜能。小组报告、辩论、讨论、竞赛、角色扮演等活动都是很好的合作学习。在主动学习中，学生参与学习活动并能进行学习反思，主动学习能够提高学习投入性，学习者产生强烈的学习责任感，通过学习"生产"知识，师生互动与学习指导可以促成主动学习。讨论、应用技术手段的互动、小组学习都是很好的主动学习方式。

混合式教学关注学习者的学习体验，无论线上线下如何混合，都希望实现优质的学习效果。国内外研究者归纳了多种混合模式类型。国外学者提出转换模式、弹性模式、菜单模式和增强虚拟模式四种类型混合以及线上—线下—线上的串联模式。[2]国内学者李曼丽等人通过分析教学介质与互动质量两要素，把采用混合学习的课程分为四类，即介质少、互动低的课程；介质多、互动低的课程；介质少、互动高的课程；介质多、互动高

---

〔1〕 Yuping Wang, Xibin Han, Juan Yang, "Revisiting the blended learning literature: using a complex adaptive systems framework", *Educational Technology and Society*, 18（2015）, p. 383.

〔2〕 刘徽、滕梅芳、张朋：《什么是混合式教学设计的难点？——基于 Rasch 模型的线上线下混合式教学设计方案分析》，载《中国高教研究》2020 年第 10 期。

的课程。[1]冯晓英等人从物理特性与教学特性两个维度划分成线下主导型、线上主导型和完全融合型的混合模式。[2]田媛等人总结了四种常见的混合课堂：MOOC+课堂教学、APP+课堂教学、微信+课堂教学和翻转课堂教学。[3]可见，混合式教学模式灵活、多元。但无论是一套综合的教育信息技术手段合力运用的"组合拳"，还是充分依托和利用某一教学平台的"独门功夫"，混合式教学设计的出发点与目标始终是提高教学质量与促进学习发展。

教学设计必须遵循一定的教学原则。学者们对混合式教学的基本原则多有讨论：刘徽等人认为需要从学习结果逆向思维，做到从扶到放的教学设计；[4]冯玲玉等人提出设计中需特别注意学习任务多样化、发展高阶学习目标；[5]丁妍等人指出设计中不但要提供充分的学习机会，也应设立明确的教学规则。[6]由上可见，混合式教学需要关注"学"的教学设计，但不是无规散学，而是系统化的"构"学和"致"学，它的设计在于创设一种混合式学习环境，教学设计从考虑教学的基本要素开始。对教学目标、学习资源、学习者这三个教学要素的调研与分析是混合式教学设计的第一步，即明确课程和单元的教学目标，这同时包括课程学习目标和育人目标；掌握可用、有用的学习资源，这包括知识资源和技术资源；了解学习者，他们的基本情况、学习能力与学习需求。混合式教学设计的第二步，搭建教学支架以支持学生的混合式学习，具体来说，从线上线下教学内容的重构与配置、多元学习活动设计、师生情感支持策略、适切的学习过程

---

〔1〕 李曼丽、詹逸思：《混合学习及其支撑因素：利用技术提升教学效果的复杂性探讨》，载《中国大学教学》2017年第4期。

〔2〕 冯晓英、王瑞雪、吴怡君：《国内外混合式教学研究现状述评——基于混合式教学的分析框架》，载《远程教育杂志》2018年第3期。

〔3〕 田媛、席玉婷：《高校混合课堂教学模式的应用研究》，载《中国大学教学》2020年第8期。

〔4〕 刘徽、滕梅芳、张朋：《什么是混合式教学设计的难点？——基于Rasch模型的线上线下混合式教学设计方案分析》，载《中国高教研究》2020年第10期。

〔5〕 冯玲玉、甄宗武、虎二梅：《"以学习活动为中心教学设计"视角下的混合式教学机理分析》，载《电化教育研究》2021年第11期。

〔6〕 丁妍等：《混合式课程教学设计质量与倾向的研究——以全国30门获奖混合式课程为例》，载《电化教育研究》2021年第1期。

监督与管理这四层面入手，使线上线下教学有机融合、使混合式学习自然发生。学生在"有所规则"和"边界"的混合式学习环境下成为主动学习者，这一学习过程的形成也意味着师生角色的重新定位，他们共同成为混合式学习共同体中的成员。

三、跨文化交际课程的混合式教学实践：教学设计思路

跨文化交际课程是笔者所授的一门大学公共英语课，为大学二年级学生开设 32 课时。该课程依托跨文化主题，通过东西方文化比较，培养学生跨文化意识与交际能力。该课程是依托主题内容的外语学习（Content-based language learning），既发展英语交流技能又理解文化知识。内容丰富的语言资料、生动多样的教学互动、扎实充分的语言交流是外语教学的根本要求。全球化趋势使得跨文化话题备受关注与讨论，互联网上跨文化学习资料极其丰富。学科知识类型与可取用的学习资源，决定着教学模式的选择。跨文化交际课程的上述这些课程特点与可用资源，有利于开展混合式教学。此外，笔者所在高校在疫情后一直使用并不断升级"学习通"在线学习平台，各教室的教师工作台也具备直播和录播功能，学校为教师更好地在线教学专门配有技术人员辅助教学。因而，该课程采用混合式教学的教育技术条件是较为充分的。最重要的一点，也是亟须解决的现实教学困境，是该课程教学对象的复杂情况。因为首都疫情防控政策要求，部分处于疫区的京外学生暂时无法顺利返校、一些学生也因突发情况需要短期隔离，更有一些身处境外的留学生在学期内无法实现线下教学。因而，该课程同步异地教学的强烈需求为其混合式教学实践提供了可行的空间。在对该课程教学目标、教学内容、学生需求和现有教学条件深入分析后，笔者对该课程形成"直播课堂教学、构建虚拟学习空间、叠加包学习形态"的混合式教学设计思路及教学质量保障策略。

（一）在线直播、实时互动的课堂教学

每周的课堂教学，笔者通过腾讯视频会议实现同步直播。身处不同地域、参与线上学习的学生完成在线考勤、听课、提问与回答、疑问与反馈、小组报告等主要教学活动，并通过摄像镜头画面实时了解教室中同学

们的线下学习状态，使他们的在线学习具有参与感、代入感，形成学习张力，这在一定程度上可以缓解学生独自面对电脑看教学直播而极易产生的学习倦怠或惰性学习。课堂教学主要以"问题导入+案例分析""文化比较+解决策略"的教学路径完成跨文化知识与语言交流技巧的学习与应用，以教师讲授、学生讨论为主要教学形态，以问答法为教学互动主要策略，以小组报告为过程性的学习成果呈现形式。为更好地实现线上线下同步教学效果，笔者每周为学生提供教学导案与每周学习任务单，指导学生完成"预学"的学习准备。

（二）优化利用、共同构建的虚拟学习空间

"学习通"平台的虚拟学习空间由师生共同构建。学期初，笔者在平台上公告本课程的教学计划、存档可供学生自主下载的学习资源，为学生提供文字、音视频等学习资料"套餐"。学期过程中，通过平台进行在线测验、布置作业以及组织在线讨论。平台自动采集学生的学习行为数据、量化过程性学习结果，这有助于教师随时了解学生的学习情况，可及时调整教学设计。本课程的在线作业多为拓展性作业，比如用英文设计跨文化能力调查问卷、推荐一本跨文化英文读物、设计跨文化主题的英文海报，等等。在线作业具有提交方便、呈现形式多样、一对一教师反馈的优点，这种学习成果导向的学习也更能调动学习主动性。在线讨论多为开放式的话题或问题，学生们通过自由讨论进而聚焦、凝练具体问题或提出新的问题视角，这是启发式的学习。同时，在线讨论也能关照到不同学习心理行为习惯的学生，尤其是那些课堂教学中偏好沉默的学生。学期结束时，笔者在平台上发起问卷调查，了解学生学习该课程的体验并征集学生视角的课程教学改进意见。此外，建立本课程的微信学习群也有助于形成师生学习共同体、交流学习经验、分享学习资源、发现共同的存疑问题，它是群体学习有益的载体。依托"学习通"平台和微信学习群的虚拟学习空间，它以问题式学习理念为教学设计的学理基础，以学生具有自我调节学习能力为教学假设，以学习资源共享为学习手段，是本课程课堂教学的重要延伸。

（三）指导学习、自主学习、小组学习的"叠加包"学习形态

这三种学习方式并不矛盾，各有特点、相得益彰，形成叠加式的学习

形态。指导学习，突出教师的"技术教练"角色，为学生学习提供"教学支架"，比如提供"列目+"形式的单词学习表，表单中只列英文释义，由学生补充例句或情境下的语言表达。自主学习，承认个体学生的主动学习能力和学习自主权，通过学习成果展示活动肯定其自主学习效果、激发其学习兴趣。小组学习，以合作形式，发挥同伴学习优势，通过问题导向或项目导向的调查与研究，共同完成小组书面及展示汇报，这种学习活动更能诊断学生的跨文化知识、素养与语言表达的综合能力。

（四）本课程混合式教学的质量保障策略

多维、复杂的混合式教学，若在实践中取得效果，需要一定的教学质量保障策略。本课程的混合式教学，从以下五点进行教学质量保障。第一，由面及点、精细化教学设计。这主要体现在从学生视角选择、呈现教学内容与学习资料；以教学单元内容和重点、学习负荷适度原则来平衡好线上和线下的学习侧重与活动设计。第二，灵活使用不同的教学方法。除课堂教学的讲授法、案例法，在不同教学环节也使用讨论法、情景表演、基于问题的学习、基于项目的学习等方法以鼓励学生最大程度地参与互动。第三，重视学习反馈与过程性评价。本课程为大班授课，如何使每个学生都获得教师的教学关注是必须思考的问题。"学习通"虚拟学习空间的在线讨论、在线作业、在线测验等模块都有反馈功能，教师针对某项学习任务的完成情况形成具体的反馈意见，使学生感受到他们的学习过程有指导、有意义。第四，发挥教学团队的协同作用。任课教师、教学秘书、学生助手、教育技术人员需要通力合作，共同保障混合式教学的顺利进行。第五，维护、优化以课程为核心的教学资源建设，形成文字、音视频、网络资源的数字资料和教材、教案、学习任务单的立体化课程学习资源构建。

四、跨文化交际课程的混合式教学实践："非言语交际"单元教学设计示例

"教学设计在混合学习里面变得越来越重要，成为教师从事教学工作的核心内容"〔1〕，而教学单元是展示课程教学设计总体思想最基本的载体，笔者就以该课程"非言语交际"教学单元的混合式教学设计为例，做具体说明。

（一）单元教学内容与教学目标

该单元教学内容主要是跨文化交际中非言语行为理论，非言语交际分类，非言语交际的文化差异、冲突与和解。教学目标有三点：其一，了解非言语交际的跨文化理论知识，理解不同文化中非言语行为的特殊性；其二，能够使用英语进行口头和书面解读跨文化非言语行为案例；其三，增强学生跨文化意识与培养基本的跨文化素养。这一教学目标具有三重性：它结合了跨文化知识学习目标、跨文化情境下运用英语技能目标以及文化育人目标。混合式教学设计需要以具体的教学目标为导向，做到有的放矢。

（二）五环节串联的混合式教学设计

该单元的混合式教学设计以 Garrison 的四阶段模式〔2〕为基本原型，即面对面学习前（线上学习）—面对面学习（线下学习）—面对面学习后（线上学习）—下次面对面学习前（线上学习）。在此基础上，笔者结合本单元教学内容难度、课时安排、学生情况、外语教学原则以及师生共同可用的在线工具等多重教学因素的综合分析，形成笔者称为"五环节串联"的混合式教学设计，即"线上学习（预学阶段）—课堂教学（案例讨论）—线上学习与小组学习（巩固阶段）—课堂教学（小组报告）—线上学习（拓展阶段）"的模式。前一环节的学习效果直接影响后一环节的学习效果，每一环节的教学给予学生充分的主动学习机会。前两个环节，通过教师搭建特定的教学支架由教促学，更突出教师指导下的学习。后三个环节，或"隐藏"或"拆解"教学支架，由教师指导下的学习过渡到由学生构建学习，营造师生、生生共享式学习社区。下面分别说明"非言语交

---

〔1〕 李曼丽、詹逸思：《混合学习及其支撑因素：利用技术提升教学效果的复杂性探讨》，载《中国大学教学》2017 年第 4 期。

〔2〕 刘徽、滕梅芳、张朋：《什么是混合式教学设计的难点？——基于 Rasch 模型的线上线下混合式教学设计方案分析》，载《中国高教研究》2020 年第 10 期。

际"教学单元的五层教学环节设计。

环节一：进行预学的线上学习。笔者通过"学习通"平台，于该教学单元第一次课堂教学前，发送该教学单元的核心阅读资料（Core reading）和学习任务单（Guided learning task）。核心阅读资料为依托教材文本和补充相关内容整理后形成的一份学习材料"Introduction to four study areas of nonverbal communication: time language, space language, body language and paralanguage"。学习任务单是一份指导式的学习笔记，由词汇练习（Vocabulary exercise）、核心阅读后的摘要写作（Summary writing）以及自主学习记录（Self-learning notes）三部分构成。这一环节是该教学单元的学习准备阶段，教师作为指导者，通过选择核心阅读资料与设计学习任务单的方式搭建教学支架，引领学生有目的性地"开始"学习，学生完成教师指导下的线上学习。

环节二：围绕案例讨论的线下教学。完成在线预学后，学生对非言语行为知识有所了解并掌握了一定的主题英语表达。第一次 2 课时的线下教学，师生围绕四个典型性、趣味性的案例进行英语讨论（Case discussion）。四个案例分别是：Differences in seating arrangement in Chinese classroom and American classroom; Winston Churchill's debated "victory" gesture; An American diplomat's encounter in an African country; Did the Puerto Rican girl violate the American school rules。这四个案例涵盖了空间距离观、肢体语言和时间观念等非言语交际的主要理论视域，也涉及了中国、英国、美国、拉美国家和非洲国家的不同文化背景与非言语行为习惯。为使英语讨论有效进行，笔者把可能运用到的英语核心词汇（List of topic vocabulary）呈现在教学课件上，组织线下的学生采用两两结对的方式讨论，线上的同学则通过直播的腾讯会议进行文字发言来参与讨论或提出问题。每个案例的充分讨论结束后，笔者分别请线下同学和线上同学做代表发言。笔者就这一案例体现的非言语交际理论做补充解释、对学生讨论中的英语表达纠错，完成教师反馈。这一环节以案例讨论的形式，使全体学生线上线下全员实时参与互动，教师通过选择经典案例、提供讨论可应用的英语核心词汇单、建立讨论规则、对讨论评价与反馈的方式搭建教学支架，促进学生的参与式学习，既增加学生对非言语交际理论知识的深入理解，也强化了他们英语学习的语言输出与运用。

环节三：巩固所学的线上学习和小组学习。这一教学环节分为在线拓展阅读（Extended reading）和小组学习活动（Group activity）两部分，它是巩固学习阶段。笔者在"学习通"平台上传两篇非言语交际主题的阅读文章：Nonverbal communication：specific functions and patterns 和 Time-use patterns in nonofficial Chinese contexts，并设计阅读理解题，以在线阅读测验的形式促进学生巩固所学，同时教师也可诊断学生到这一阶段的学习情况，为教学方案可能的调整提供依据。小组学习活动则形式开放、学生自主，笔者并未指定具体的探究话题，由各组自主选择非言语交际的常见话题（An inquiry on any topic of nonverbal communication），通过线上线下调研与小组讨论，建议完成一份小组报告并自愿于下一次的线下教学时间进行课堂汇报。这一环节有教师主导的在线阅读测验，有学生主导的探究式学习。从这一环节的小组学习开始，教学设计中逐渐减弱教师的教学支架作用，发挥学生学习自主性。

环节四：展示小组学习成果的线下教学。第二次 2 课时的线下教学以小组探究式学习成果汇报（Group report）为主，各小组自愿汇报，师生共同为参与展示的小组分别从学习内容、语言表达、交流技巧等方面进行主观评价，同时师生还与报告小组提问互动。这里，笔者以其中一个学习小组为例，呈现本次线下教学面貌。这是名副其实的"混合小组"，由一位远程在线参与课堂教学的澳大利亚留学生和两位中国大学生组成。他们的小组学习探究了排队文化现象（Queue culture）、中澳两国不同文化对排队行为与规则的影响。澳洲学生提前录制了他在当地超市购物排队和疫情期间澳洲人保持社交距离的相关视频，中国学生则通过访谈形式了解校园中的各种排队行为。三位同学以微信学习群方式进行小组讨论并制作了图文并茂的"一手资料"展示 PPT，他们通过腾讯会议直播实时汇报学习成果，这是一次生动的跨文化互动。这一环节的线下教学，以营造"学生的课堂"为教学设计理念，师生角色重新定位，都是跨文化学习社区中的一员。

环节五：构建共享学习空间的线上学习。这一环节由学生主动学习，构建该单元主题内容的在线学习数字资源。构建起来的数字资源可分为两个板块："分享你的跨文化非言语交际经历"（Sharing your experience in cross-culture nonverbal communication）和"分享你所了解的跨文化非言语交际故事"（Sharing a story of cross-culture nonverbal communication）。结合自身的生活经历、认知能力与学习兴趣，学生们提供了丰富、生动、共情的学习资料，例如：他们在不同国家旅行中发现的非言语风俗差异（泰国的双手合十式问候、德国以敲桌方式表达赞许、以色列人拜访做客时以书为礼的行为等）；由新闻报道引发热议的美国总统出访日本鞠躬姿势的国际讨论；电影"国王的演讲"中副语言知识的学习，等等。学生还通过在线跟帖方式，参与手势符号文化差异的集体论坛（A forum on gesture）。这一环节，以合作、协作学习方式，强调学生的学习责任感。共同构建学习资源的做法本身也发挥学习动机"催化剂"的作用，促进学生成为混合式教学环境中的主动学习者。

五、结束语

混合式教学是一种解决后疫情时代、新常态化教学困境、提供充分教学互动、发挥学生学习主动性的教学模式。它对参与其中的师生都提出很高的教学挑战与学习要求。教师需要投入更多的时间与精力，进行缜密的教学设计与有效的教学组织与管理，不断提高自身信息化教学能力。学生需要摆脱"教师依赖、课件依赖、考试导向学习"的惰性学习心理与行为习惯，培养时间管理能力，培养合作学习、主动学习意识与能力，成为自主、有效的主动学习者。总之，混合式教学因为其开放、灵活的教学构架模式，在具体教学情境中会生成不同的、富于活力的实践路径，笔者希冀能有更多的一线教师参与到混合式教学实践中，共同分享经验、交流看法，也通过扎实的理论学习与认真的教学实践提升自身教学学术能力。

"立德树人"背景下《德语文学与法律》课程的课程思政建设

李　烨*

一、引言

《德语文学与法律》课程是德语语言文学专业研究生的一门专业必修课，本文尝试从跨学科教育和通识教育等多个角度深入挖掘这门课程的思政元素，重点探讨该课程如何把历史国情教育、人文主义教育和法律职业道德教育以润物细无声的方式浸润到课堂教学的各个环节，进而积极响应习近平总书记提出的"立德树人、德法兼修，培养高素质法治人才"的教育目标。习近平总书记在 2016 年 12 月 8 日全国高校思想政治工作会议上指出："要用好课堂教学这个主渠道，思想政治理论课要坚持在改进中加强，提升思想政治教育亲和力和针对性，满足学生成长发展需求和期待，其他各门课都要守好一段渠、种好责任田，使各类课程与思想政治理论课同向同行，形成协同效应。"[1]作为一门针对德语语言文学专业学生在研究生阶段开设的必修课，如何通过课堂教学实现思想引领，如何与思政课程形成"协同效应"，如何用好课堂教学这个主渠道"提升思想政治教育的亲和力和针对

* 李烨，中国政法大学外国语学院德语系讲师。

〔1〕《习近平在全国高校思想政治工作会议上强调 把思想政治工作贯穿教育教学全过程 开创我国高等教育事业发展新局面》，载《人民日报》2016 年 12 月 9 日，第 1 版。

性"，如何进行"三全育人"，上述问题非常值得教师进行深入的分析和思考。

二、历史国情教育

习近平总书记在 2016 年 7 月 1 日庆祝中国共产党成立 95 周年大会上提出"四个自信"，坚持中国特色社会主义道路自信、理论自信、制度自信和文化自信。把历史国情教育融入课堂教学，能够潜移默化地增强学生的民族自豪感和家国情怀，能够以水乳交融的方式把"四个自信"融入学生的理想信念。研究生期间的课程学习不仅能够让学生们深入系统地了解德语国家的历史国情知识，教师亦能在传授德国历史国情知识的同时，通过中德跨文化对比和分析的方法让学生对中国的历史和国情进行思考和研讨，在综合的比较和分析中对中德两国的历史和国情形成更为深入的认识，进而加强学生的四个自信。德语语言文学专业的研究生毕业后主要从事与德语国家相关的教育、文化、外交、法律、商务等方面工作，他们的工作和生活与中德文化交流密切相关。课程教学中潜移默化的历史国情教育使得爱国爱民成为深入学生骨髓的理想信念，使得他们在今后的工作和生活中成为传播中国特色社会主义文化、介绍中国改革开放成就、弘扬中国传统文化、讲好"中国故事"的跨文化使者。

《德语文学与法律》课程包括理论与实践两个板块，历史国情教育主要体现在具体的文本分析实践当中。因此，就这门课而言，文学文本的遴选是融入和开展历史国情教育的首要条件。在实践板块，该课程尝试结合法律视角分析文字作品，德国著名作家海因里希·冯·克莱斯特（1777—1811）是文学与法律研究领域最受关注的德语作家之一，他涉猎广泛，创作背景涉及多个国家的历史和法律，他的作品也是《德语文学与法律》课程的重点研究文本。克莱斯特也是公认的爱国作家，以克莱斯特发表于 1808 年的喜剧《破瓮记》为例，只有深入研究荷兰在近代进行的数次反殖民地斗争史，以及建立独立民族国家的奋斗历史，才能更好地窥探作者的创作动机。

本应严肃公正的法律审判在《破瓮记》一剧中被表现为一场荒诞无稽、

混乱无度的"自我审判",艾娃母亲到法院状告深夜潜入女儿艾娃闺房、逃离现场时砸碎罐子的凶手。事实上,法官亚当居然就是砸碎罐子、污损艾娃贞洁的真正凶手。剧中的审判发生在位于荷兰的乡村法庭,上级法院派来的监视官瓦鲁特以及法院的书记官利希特对于法官的种种劣迹视若无睹。案件的审判权和裁决权实则都归属法官亚当一人所有。因此,亚当的罪行在他自己一手主持的审判过程中得到了包庇,他在进行一场对自己的审判。

虽然克莱斯特选择荷兰的一个乡村法庭作为情节发生的地点,但是克莱斯特对法律状况的批判和反思不仅限于荷兰,当时普鲁士国内对其司法人员和法治状况早已怨声载道,当时的人们认为司法人员"最为自私自利和道德败坏,诡计多端和玩弄阴谋是他们的主要特征。他们臭名昭著,由一帮差劲的基督徒组成"。[1]鲁道夫·洛赫(Rudolf Loch)认为,东普鲁士的改革者并没有试图从根本上消除这些问题,仅仅对法官审判的流程做出了一些新的规定,改进了"法律的门面",没有改变其实质,他认为这一点对《破瓮记》的创作产生了直接和间接的影响。克莱斯特没有选择自己生活的普鲁士,而选择荷兰作为情节展开的地点,一方面基于铜版画的作家是荷兰人,另一方面也可能为了规避普鲁士的书籍审查。剧中对荷兰乡村法庭司法腐败的讽刺和批判实则表达了克莱斯特对于德国司法腐败和司法状况的担心和忧虑。

罐子上镌刻的图画反映了荷兰的重大历史事件,罐子流落的历史既是荷兰历史、也是个体历史的再现。在剧中,罐子流落的历史以阶段性再现的方式展现了荷兰被侵略到最后走向独立的历史。根据马特太太——即艾娃母亲——的口述,1572年荷兰反抗西班牙暴政的军队袭击荷兰南部城市伯利鲁,[2]在这场战役中补锅匠希利德利西从西班牙人手里房获了罐子用来装酒。之后,罐子又流落到掘墓人福希特哥特之手,他喝酒的时候总要掺上水,他的妻子发生婚外情生育多个私生子。此后,罐子又落入裁缝察赫伍斯手里,在法国人侵略荷兰的战争中被扔出窗外。罐子最终落入艾娃父

---

[1] Rudolf Loch: *Kleist. Eine Biographie*, Göttingen 2003, p. 238.

[2] Heinrich von Kleist: *Der zerbrochne Krug*. Stuttgart 1983, 2001, 2014, p. 106.

亲之手得到永久收藏。该剧中，马特太太对罐子流落历史进行的口述中不乏夸大其词和道听途说，而且破碎的罐子上的图案也没有全部复原，因此，该剧对于罐子上的历史和罐子流落的历史所进行的描述看起来显得扑朔迷离，实则在若隐若现中使得文学虚构与历史真实相互交织。

剧中的法庭位于荷兰乌特勒支省的一个村庄。1579 年成立的乌特勒支联盟是荷兰建立独立民族国家的政治基础。1579 年 1 月 23 日北方省中的七省曾在乌特勒支成立了乌得勒支联盟，共同反对西班牙统治。1588 年 7 个省份联合起来，宣布成立荷兰联省共和国。荷兰作为欧洲较早建立了独立统一民族国家的典范，引起了当时德国文人的关注。克莱斯特对荷兰和德国司法状况的关注以及对荷兰建立独立民族国家的历史的关注体现了克莱斯特对于建立独立的德意志民族国家或法治国家的期待，以及一些具有预见性的构想。课堂上通过分析《破瓮记》，能够让学生更好地感受到克莱斯特忧国忧民的爱国情怀，增强学生的家国情怀。

三、人文主义教育

《德语文学与法律》课程是一门跨学科的、具有通识教育意义的课程。由于文学文本中包含了文学、历史、哲学、法律等多方面的人文专业知识，因此对文学文本进行分析的过程中必须综合多方面的人文主义知识，进行一种多元化的、人文主义的文学批评。人文主义精神和人文主义教育贯穿于《德语文学与法律》课程的教学和研究的全过程。该课程通过系统的学术训练和文学文本的思想熏陶能够有效实现思想和价值观上的引领作用，使得学生能够站在文学与法律的高度反观人性、审视现实，彰显了人文主义的价值导向和现实关怀，有助于提高学生的审美品位和道德情操。习近平总书记在 2019 年 3 月 18 日学校思想政治理论课教师座谈会上提出，"要坚持显性教育和隐性教育相统一，挖掘其他课程和教学方式中蕴含的思想政治教育资源，实现全员全程全方位育人"〔1〕。《德语文学与法律课

---

〔1〕 《习近平主持召开学校思想政治理论课教师座谈会强调 用新时代中国特色社会主义思想铸魂育人 贯彻党的教育方针落实立德树人根本任务》，载《人民日报》2019 年 3 月 19 日，第 1 版。

程》正是通过"显性教育和隐性教育"相结合的方式，尝试以春风化雨的方式实现课程思政的育人目标。曹清燕认为，"当前研究生教育正面临全面提升人才培养质量的重大挑战，以'服务需求，提升质量'为主线的研究生教育改革重在突出人才培养过程中的人文关怀与价值引导，立德树人日益成为研究生教育的中心环节。"[1]

《德语文学与法律》课程在外国文学研究的基础之上融入了法律视角，能够加深学生对于人与社会的理解，通过跨学科研究的思路，把人文主义精神贯穿于课堂的教学、研讨和研究的全过程。该课程把跨学科教育和通识教育的核心思想融为一体，在跨学科课程中融入通识教育的思想和理念，把如何理解"人"、培养什么样的人、如何实现这样的育人目标作为教育教学的重点之一。基于文学与法律这两个学科各自的特点，该课程主要从以下几个方面实现其人文主义的育人目标：第一，鉴于文学与法律都具有批判精神和理想主义特色，因此，该课程能够对学生的世界观、人生观、价值观起到有效的引领作用，鼓励学生积极追求公平、正义、善良等理想价值，进而提升学生的思想情操和道德境界，实现内外兼修、全面育人的通识教育培养目标。第二，文学的"移情"功能使得读者能够进行换位思考，产生共鸣、唤起共情、进行反思。因此，该课程能够在文学的移情功能的作用下，感化学生心灵，促使学生从道德和人性的高度审视自身、拷问良知，进而自发地约束和影响自己的言行以及社会中其他的人。第三，文学能够再现和反映社会现象，记载社会历史变迁中的人与社会，文学通过表现具体的社会生活细节可以弥补抽象的、理性的、高度概括性的法律对于人性和社会的认知。因此，该课程能够加深学生对于人与社会的感性和理性认知，有助于学生今后更好地与人相处、适应社会。

德国当代著名作家、柏林洪堡大学法学教授本哈德·施林克创作和出版了一系列以法律为题材的作品。其中，长篇小说《朗读者》先后摘得多项文学大奖。《朗读者》尝试通过爱去唤醒和激发人们对于罪的重新认知，

---

〔1〕 曹清燕、彭娇娇：《立德树人背景下研究生导师"价值观引导者"之角色意识探析》，载《研究生教育》2020年第2期，第40~44页。

爱在这部小说当中也可以被理解为一种思想启蒙的有效方式，爱是化解罪恶、寻找救赎、获得启蒙的途径之一。这部小说背后隐藏着一段超越年龄差、超越时空的真挚的爱情，米夏在与汉娜的忘年恋中获得了成长。米夏从未成年男孩成长为具有独立思想和行为能力的男人，青春期男孩对性的懵懂和好奇、探索和想象在这段恋情中得到了满足，米夏为自己拥有了男性气质而感到骄傲和自信。同时，从小在父母身边备受宠爱的米夏在这段忘年恋中如同徜徉在母爱的暖流中。如果说小说的第一部分是感性风暴，那么第二部分则是理性的冰洞。小说的第二部分，关键词是麻木（Betäubtheit）。法庭上，无论受害者、凶手还是观众都处于麻木状态。爱、羞耻、懊悔等多种复杂、矛盾的心理糅杂在一起，一次次碾压、也不断锤炼了米夏对罪的认知。"人并不因为曾做了罪恶的事而完全是一个魔鬼，或被贬为魔鬼；因为爱上了有罪的人而卷入所爱之人的罪恶中去，并将由此陷入理解和谴责的矛盾中；一代人的罪恶还将置下一代于这罪恶的阴影之中——这一切当然都是具有普遍性的主题。"[1]汉娜被判处监禁之后，米夏整个暑假在图书馆度过，继续保持麻木状态。米夏从麻木走向最后的醒悟，也是一个启蒙的过程。汉娜从不识字到最后识字却自杀，这也是一个启蒙的过程。

课堂上通过对《朗读者》这部作品的深入解读，结合德国二战前后的历史背景，综合地分析二战期间纳粹大屠杀的受害者与施害者、战后一代与战争中的一代人之间的矛盾复杂的关系，以及他们出于各自的历史站位对于罪责问题的不同立场，能够使得学生对于历史问题和情感问题有了更为感性化和人性化的理解，尝试通过人文主义的视角、站在爱和人性的角度去理解和分析难以化解的历史罪责。爱和罪在这里不再是对立的主题，爱是化解罪的途径和方法，罪与恶在爱的感召之下获得启蒙。

四、法律职业道德教育

《德语文学与法律》课程选取了一系列法律题材的文字作品作为课堂

---

[1] 袁楠：《人不因曾做恶事而完全是魔鬼》，载《中国图书商报》2006年1月17日，第12版。

上文本分析的对象。这些法律题材作品中既有对于法律正义、法官职业道德的反思，也有对于司法体系中存在的诸多典型问题的自我剖析，如司法腐败、司法暴力、酷刑、法律条文主义等。课堂上通过对文本的分析和研讨，能够使得学生树立积极正面的法律观、正义观，能够使得学生在贯彻法律精神的同时，从当事人的角度和立场出发，从共情的角度、以更为人性化的方式去看待、处理和解决相关的法律问题，进而提升学生的法律素养和法律职业道德。波斯纳曾说，"在法学院的法理学课程中用伟大的文字作品来代替那些落满灰尘的法哲学著作是有益的。"[1]对学生而言，文字作品能够带给学生的道德和伦理教育比法学课堂上的讲授要更为亲切、直观、易于理解和接受，有助于学生的法律职业道德和伦理的养成。"将文学带入对法律和秩序的属性、正义与非正义、法律的人文背景等问题的分析，有助于法律伦理属性研究。"[2]文学是反映社会的一面镜子，学生通过文字作品能够深入了解和分析社会现象，增进学生对于法律的时代精神和现实意义的理解。另外，学生通过文学与法律两个学科的学习和研究，能够有效地训练对比分析、归纳总结、判断推理、逻辑推断、形象思维、联想想象的思维方式，从而全面增进学生的法律文化素养。

上文提到的克莱斯特的戏剧《破瓮记》以及施林克的长篇小说《朗读者》当中，都有对于法律制度的反思和批判。另外，德国作家、诺贝尔文学奖得主海因里希·伯尔的长篇小说《小丑之见》（1963）被视作对"阿登纳时代"德国社会的批判性总结，其出版正值联邦德国第一届总理、基民盟主席康拉德·阿登纳执政时期（1949—1963）的终结。虽然当时的权威评论家早已意识到这部小说丰富的社会历史价值，但是却忽略了该小说所处的教会史背景，因而小说中对于法律条文主义的批判也尚未得到充分研究。小说中，主人公汉斯·施尼尔是一个具有强烈反叛个性的理想主义者。他出身褐煤大资本家家庭，却离家出走当上了科隆市马戏团的小丑，与小商贩女儿玛丽同居。玛丽是虔诚的天主教徒，施尼尔虽然从小被父母

---

〔1〕 Richard A. Posner: *Law and Literature*, Harvard University Press, 2009, pp. 546-547.

〔2〕 ［美］理查德·A. 波斯纳：《法律与文学》，李国庆译，中国政法大学出版社 2002 年版。

送到天主教会学校上学却不是天主教徒。玛丽迫于莱茵兰天主教会的巨大压力与施尼尔分手，转念与天主教徒齐普纳结婚。施尼尔从婚姻圣礼的神学阐释出发，坚持认为他与玛丽五年之久的同居关系就是合法婚姻，反对莱茵兰天主教会注重圣礼仪式、无视圣礼内涵的婚姻观念，反对教会僵化守旧、严格遵照教会法条文的教条做法。小说中，施尼尔针对莱茵兰天主教会及其僵化守旧的婚姻观念发表了大量主观激进的见解。施尼尔语言犀利，具有爆发力和攻击性，折射出批判的锋芒，多次使用法律术语，甚至对当时社会及天主教会的法律及其公正性进行正面的批判和攻击。

小说中，教会被比作由抽象的法律条文组成的机构。"不过几乎所有有教养的天主教徒都具有这种通病，他们要么蜷缩在用教条筑成的壁垒后面，要么大肆兜售用教条拼凑成的各种原则……"〔1〕"公理！法条！教条！"〔2〕教会通过发布训导、教令等为婚姻圣礼做出了多种规定和解释，保障和保护了婚姻的制度性。婚姻在历史发展过程中变得更为制度化、理性化，婚姻圣礼逐渐具有了法律特色，成为教会法立法的内容，夫妻之间的婚姻圣礼暴露出注重形式、忽略内涵的形式主义的弊端，忽视了婚姻圣礼的原始神学内涵，夫妻双方之爱犹如上帝对教会之爱的初衷没有得以贯彻。施尼尔和玛丽的爱情和婚姻在天主教传统观念的制约下受到严厉指责，承受了巨大的社会压力。施尼尔是个玩世不恭的小丑，话语间却频现法律术语，这种鲜明的对比本身也是一种辛辣的讽刺和调侃，以不羁的态度发起对强权的挑衅，以"无政府主义"对抗体制的束缚。施尼尔所抒发的种种批判性见解实则表达了一种在当时的社会环境下还难以实现的婚姻理想，即建立在原始基督教神学思想基础之上的爱情婚姻。施尼尔的争论主要围绕两个问题展开，施尼尔与玛丽长达五年的同居关系是否可以视作婚姻关系，以及玛丽与齐普纳的婚姻是否合法。施尼尔对天主教婚姻的批判涉及二十世纪五六十年代天主教婚姻圣礼和民事婚姻中诸多备受争议的话题，如未婚同居、一夫多妻制、天主教徒与非天主教徒通婚、离婚、爱

---

〔1〕 [德] 海因里希·伯尔：《小丑之见》，上海译文出版社1996年版，第122页。
〔2〕 [德] 海因里希·伯尔：《小丑之见》，上海译文出版社1996年版，第123页。

情婚姻等。表面上看，莱茵兰天主教会注重圣礼仪式、无视圣礼内涵的婚姻观念引发了施尼尔的极力反对和质疑。实质上，教会僵化守旧、严格遵照教会法条文的教条做法才是导致这场婚姻危机的直接原因。另外，20 世纪 50 年代德国天主教教会法、西德社会的公序良俗、法律的规范约束、浪漫主义爱情观等对这一命题分别有各自不同的诠释，但是各方观点都共同揭示了隐藏在施尼尔个人婚姻危机之下的社会婚姻危机和道德危机，也预示了 20 世纪 60 年代思想解放之后德国的社会思想走向。课堂上通过分析施尼尔婚姻悲剧的根源，全面看待施尼尔对于教会和教会法的批判，能够增进学生对于联邦德国 20 世纪 50 年代的社会、法律和宗教状况的了解，增进对于法律条文主义的理解。

五、如何增强课程思政的"亲和力和针对性"

课程思政是一种具有重要思想政治教育意义的授课方式，关系到长期的人才培养目标和国家的长远发展，这既是对当代教师提出的新要求，也对学生的政治素养和公民道德提出了新的要求。课程思政以中国特色社会主义思想政治教育作为价值引领，强调充分发挥课程的思想政治教育功能，旨在服务于中国特色社会主义建设和人才培养。考虑到学生的课堂接受效果和课后反馈，教师在授课过程中不仅要深入挖掘授课内容中的课程思政元素，而且还要在课程的亲和力和针对性上多下功夫，避免学生由于授课方式的守旧和老套对于课程思政产生抵触情绪。《德语文学与法律》课程的授课方式以研讨为主，如何选择既能够贴近学生生活、又能够服务于思想政治教育的教学素材，需要授课教师在备课过程中对授课内容和学生的心理发展进行深入的分析和研究。

如何把思想政治教育融入《德语文学与法律》课堂，第一，在备课阶段，教师可以通过问卷、访谈等方式对学生的学习背景和前期研究基础进行初步的摸排和调研，知悉学生的专业兴趣点和知识储备，进而遴选出难度适宜、易于接受的话题和素材。教师应当尽量采用贴近大学生生活，紧跟社会时事发展，符合大学生心理诉求的教学素材作为思政教育的切入点。第二，在授课过程中，教师应选择合适的时机和语境融入思政元素，使得课程思政与课堂内容成为有机不可分割的整体，使得思政元素的融入自然而然、水到渠成、不动声色，切忌填鸭式、灌输式。第三，创新思政教育的融入维度，使学生感受到思政元素的融入既具有趣味性、又具有重要意义，引发学生对于思想政治教育的兴趣和认同。这就要求教师深入研究授课内容，创新教学方式方法，充分关注学生的心理诉求，才能实现"润物细无声"的教育教学新高度和新境界。

以施林克的长篇小说《朗读者》为例，汉娜和米夏的忘年恋必定是吸引学生关注这一文学文本的亮点。教师在带领学生分析文本时，可以从爱情这个角度入手，纵向观察米夏在青春期以及成年之后的心理发展变化过程，分析米夏在不同阶段的不同心理特征以及扮演的不同角色，并且相应地分析汉娜的心理发展轨迹，通过对比分析聚焦问题，即爱情与罪责的关系。汉娜的历史罪责和心理上无法抹去的阴影、米夏内心的负罪感，这一系列问题都需要在爱的视角之下进行重新审视。爱是化解罪责、解开心结、摆脱负罪感的启蒙良药。通过对《朗读者》的解读和分析，能够使得学生在看待法律问题时，在参照法理知识和法律条文之外，更多地关注情感和道德层面，从更加人性化的角度去看待历史问题和法律问题。

六、小结

综上可见，《德语文学与法律》课程以"立德树人"为宗旨，基于文学与法律这个学科方向的跨学科特色和通识教育的特点，在教学研究的过程中贯穿和融入了历史国情教育、人文主义教育和法律职业道德教育，力求充分发挥《德语文学与法律》课堂的思想政治教育功能，实现全程育人、全方位育人。在课堂中融入历史国情教育能够增强学生的民族自豪感和家国情怀，树立"四个自信"的理想信念。人文主义教育在课堂上的导入有助于提高学生的审美品位和道德情操，使得学生能够站在文学与法律的高度反观人性、审视现实。课堂上贯穿法律职业道德教育能够使得课堂教学更加具有亲和力、更有利于学生接受，积极促进学生的法律职业道德和伦理的养成。《德语文学与法律》课程的课程思政要求教师深入研究授课内容，创新教学的方式方法，充分关注学生的心理诉求，营造"润物细无声"的教育教学新高度和新境界。该课程有利于推动德语与法律相结合的跨学科复合型人才培养，能够有效弥补教学中注重专业技能训练、缺乏文学文化素质和创新思维方式培养的弊端。

新时代我国研究生思想政治教育的制度创新与实践

——中国政法大学研究生领航训练营的探索

何佩璇*

一、研究生思想政治教育创新的必要性

（一）研究生思想政治教育创新的宏观层面必要性

1. 国际、国内形势对研究生思想政治教育的影响

国际、国内市场经济发展的过程中，应该对教育教学形势进行全面的分析，了解研究生在教育教学中扮演的角色。随着改革开放的到来，我国对于教育事业的重视力度越来越高，国际教育思想也呈现出多元化发展的趋势。受国际、国内形势的影响，研究生的思想政治教育在不断地发生变化。国际、国内新形态确立的过程中应该提高对研究生思想教育的重视。[1]

2. 研究生教育体制改革对研究生思想政治教育的影响

近年来高等教育的发展速度越来越快，研究生思想政治教育体制建立与发展的过程中出现了很多的问题，其中主要问题包括教育体制结构存在严重的不合理现象、学科发展过程中与实际教育情况不协调。这些问题的存在严重制约着研究生思想政治教育的顺利发展，不利于研究生思想政治教育体制的改革与创新。研

---

   * 何佩璇，中国政法大学研究生工作办公室科员。

[1] 许乐：《新时代研究生思想政治工作的挑战和路径》，载《山西经济管理干部学院学报》2021年第3期。

究生思想教育发展的过程中必须坚持以研究生为本的基本原则，并且落实科学发展观，提高研究生的思想政治水平。[1] 对研究生思想政治教育体制进行优化和改革，针对其中存在的不利因素，必须加大改革力度，引导研究生形成正确的人生观、价值观和世界观，深入并且坚定推进体制改革。

（二）研究生思想政治教育创新的微观层面必要性

1. 研究生思想政治教育主体创新必要性

从理论上看，研究生思想政治教育主体既包含研究生思想政治教育的实施者、也包含研究生思想政治教育的组织者。从组织协调的角度分析，研究生思想政治教育主题确认前应该协调好与教育主管部门之间的关系，发挥学校教育部门的职能，并且建立校企联合的体制，从文化、政治、经济等多个不同的领域对研究生思想政治教育体制进行改革，从而构建研究生思想政治教育的复合主体。

2. 研究生思想政治教育客体创新必要性

研究生思想政治教育的客体以教育作用的对象为主，也就是接受研究生思想政治教育的受众。在具体开展教育活动的过程中研究生思想政治教育主体应该严格落实各项教育制度，并且对研究生思想政治教育的信息进行发布。研究生思想政治教育信息要想顺利传播必须要有研究生思想教育客体。因此，必须加大对研究生思想政治教育多种不同客体的创新，推动研究生思想政治教育顺利推进。[2]

二、研究生思想政治工作存在的问题和现状

（一）政治理论学习重视不够

总体来说研究生阶段学生的学习任务比较多，学习的过程中还需要进行多种不同的实验，研究生的大部分精力都集中分布在资料的查阅、论文

---

〔1〕 战丽阳、王雪燕：《新时代高校研究生团学组织思政教育功能探析》，载《长春师范大学学报》2021 年第 9 期。

〔2〕 王庆、陈厚、李宁：《基于"研究"特性的研究生思想政治教育探索与实践》，载《学位与研究生教育》2021 年第 9 期。

的撰写等学术研究中，大部分研究生对于思想政治学习的重视程度不够，从而导致思想政治教育难以顺利开展。第一，相比于其他学科课程的上课课时，思想政治教育课程的课时比较少，不利于思想政治教学质量的提升。大部分高校在设置研究生课程时都设置了中国特色社会主义理论与实践研究、马克思主义与社会主义方法论等关于思想政治方面的课程，但是，这些课程不仅开设的课时较少，而且开始仅仅是阶段性，并不是分布在整个研究生学习阶段。第二，大部分研究生在学习思想政治课程时，更多的是为了获取考试学分，应付考试，在学习的过程中对于课程内容的理解程度不够，没有领会思想政治教育课程的精髓，研究生学习思想政治课程的主动性较差。第三，思想政治课程教学的过程中大部分教师的教学模式单一，多年来，高校的思想政治教育大多采用课堂讲授的方式，由教师讲授相关的理论内容，学生坐在课堂上听讲。由于思想政治教育所涉及的相关课程内容本身就相对枯燥，理论性强，缺少对教学模式的创新与优化，理论与社会实践联系的紧密程度较低，研究生学习思想政治课程的兴趣没有被调动起来，降低了学习的整体效率。

（二）党建工作队伍相对薄弱，影响教育发挥

各个高校研究日常教育与管理工作开展主要由高校学院办公室研究生教学秘书负责。一般情况下学院办公室人员配备比较少。研究生日常管理与教学中存在的问题有很多，学院办公室研究生教学秘书的工作量大，教学管理秘书不能兼顾学习和生活，从而导致思想政治教学被忽略。在此情况之下，有些高校根据研究生学习与生活的情况设置了党支部，党支部开展活动时，活动形式单一并且活动内容比较枯燥，大部分为单一、静态的形式，学习方式较为被动，不利于研究生思想政治水平的提升，并且组织开展的主题党日活动时缺少必要的志愿服务工作的设置，这也是导致研究生思想政治教育工作开展难度大的重要原因。

（三）重科研轻德育、重学术轻思想的情况较为普遍

研究生日常学术课程设置得比较多，日常开展教学的过程中导师更多的是关注研究生的学术研究成果，并且经常督促研究生做好学术研讨以及专业文献的阅读，不断提高研究生的科研能力。同时，导师的品行潜移默

化地影响着研究生。有些高校发展的过程中，导师对于研究生思想政治学习的关注度并不高，更多的是培养研究生的科研能力。此外，研究生学习阶段导师结合研究生自身的特点将学科知识等传授给研究生，不断提高研究生研究创新创造的能力，这种情况下使得研究生自身对于学术科研的关注度比较高，对于思想政治教育的关注低。

三、研究生思想政治工作面临的问题与挑战

（一）研究生群体情况复杂，开展思想政治教育工作有一定难度

第一，高校研究生大多来自全国各地，生源来源不同，研究生的思想政治水平等存在一定的差异。同时，研究生继续深造不同人的学习目的不同，有些研究生认为当前就业形势紧张，认为获得研究生文凭可以为后面找工作提供帮助，为自己找到一份高收入体面的工作提供保障。研究生思想政治水平的参差不齐给研究生思想政治教育工作的开展带来更多的问题。

第二，不同于高中以及本科学习阶段，在研究生学习阶段其学习的目标以及学习的动机都发生了很大的变化。研究生阶段，学生的学习动机更明确，在研究生学习过程中不断提升自己的科研能力，从而实现研究生学习的目标。但是，大多数研究生在学习阶段将更多的精力放在科研上，对于思想政治课程设置的重视力度不够，不利于研究生思想针织教育的顺利进行。

第三，研究生经过本科学习阶段的系统学习，其已经初步建立了人生观、世界观和价值观，要想在研究生阶段通过开展思想政治教育改变研究生对三观都认识可能性比较低。

（二）基层党建工作松散，力度不够

第一，高校基层党组织在开展各项工作的过程中并没有结合研究生学习和生活的实际情况提高自身的凝聚力，导致基层党组织的存在的实际作用无法发挥出来。同时有些基层党组织成员的意志不够坚定，参与党建活动时表现出松散的现象。第二，党组织开展活动的过程中并没有采取必要的措施提高学生的凝聚力。同时，党支部的活力不够，活动形式较为单一

枯燥，导致活动开展效果与预期之间存在很大的差别。

（三）思想政治工作队伍建设薄弱，职责不清

研究生部党委副书记、各学院研究生教学秘书、研究生部党支部书记和导师是当前高校研究生思想政治工作开展的队伍组成成员。在研究生思想政治教育工作开展的过程中导师发挥着重要的作用，有些导师在开展教育工作的过程中对于研究生思想政治教育工作开展的重视程度比较低，更多的重视研究生学术能力的提升，从而导致研究生的思想政治教育的力度不足，严重影响研究生的全面发展。主管研究生工作的党委副书记在设置研究生思想政治教育课程时只是从宏观的角度进行分析，对于思想政治教育的细节重视力度不足，从而导致研究生的思想政治教育频繁遇到阻碍。[1]

四、新时代我国研究生思想政治教育的制度创新

（一）搞好思想政治教育工作，关键在党

随着新时代的到来，研究生学习的过程中国家和党对研究生思想政治教育的重视力度越来越高。高等学校肩负着学习研究宣传马克思主义、培养中国特色社会主义事业建设者和接班人的重大任务。教育部门各级职能部门开始关注研究生思想政治教育的开展，并且按照习近平总书记的指示，开始将搞好思想政治教育工作作为重点工作内容，发挥党组织的关键作用。思想政治教育是当前研究生学习中的重要内容，必须结合研究生的实际情况引导研究生正确学习思想政治，领会思想政治的重要内容。

（二）思想政治教育要在改革中加强

思想政治教育重在改革中加强，高校应该结合习近平总书记提出的要因事而化、因时而进、因势而新，"要向改革创新要活力""提升思想政治教育亲和力和针对性，满足学生成长发展需求和期待"，做好研究生思想政治教育工作。同时，贯彻落实研究生思想政治教育工作规章制度，将思想价值引导贯彻到研究生思想政治教育中。高校应该加大对思想政治教学

---

〔1〕 蒋晓倩、胡晓梅：《新时代研究生思想政治教育的理论逻辑与实践向度》，载《湖北文理学院学报》2021 年第 9 期。

思路的创新，丰富教育教学内容，并且对高校思想政治教育的时代感进行深刻的剖析。近年来我国出台了《高等学校马克思主义学院建设标准》《新时代高校思想政治理论课教学工作基本要求》《普通高等学校思想政治理论课教师队伍培养规划（2019—2023 年）》《新时代学校思想政治理论课改革创新实施方案》《学位与研究生教育发展"十三五"规划》等相关的理论，并且全面分析了当前研究生思想政治教学的具体情况，提高了对思想政治教育教师队伍建设的力度。[1]研究生思想政治教育发展的过程中教师必须树立明确教学目标，并且根据研究生思想政治教育的情况将思想政治教育贯穿于研究生教育教学的全过程。高校应该更好地落实各项规章制度，加大对思想政治教育的创新与改革力度。

（三）导师是研究生成长的"第一责任人"

研究生学习与生活的过程中导师是研究生成长的"第一负责人"，肩负着培养高层次创新人才的崇高使命。党和政府应该及时总结研究生教育的规律，并且对研究生的思想现状进行综合全面的分析，总结思想政治教育的规律，从实际出发不断提高研究生思想政治教育的水平。导师必须严格落实教育部《关于全面落实研究生导师立德树人职责的意见》中的规定，并且提高导师对于立德树人的责任意识，保证研究生的思想政治素质有所提升。以德立身，以德立学，注重言传身教，身体力行。导师的思想道德、言行举止会潜移默化地影响研究生做人、做事和做学问。导师应该注重研究生创新能力和科研能力的培养，结合研究生学习的现状为研究生创造良好的学习环境。导师在日常开展科研教学的过程中除了要重视对其创新能力的培养，还应该将思想政治教育元素融入到专业课程中，将传播知识与传播思想和真理、塑造灵魂和生命、培育新人有效联结，达到潜移默化的育人效果。

（四）"课程思政"是专业课教师开展思想政治教育的主要抓手

开设课程思政教育能够直接将思想政治教育的孤岛现象体现出来，并

---

〔1〕 徐馨：《新时代背景下研究生思想政治教育路径探析》，载《现代商贸工业》2021 年第 28 期。

且习近平总书记在全国高校思想政治工作会议中指出"其他各门课都要守好一段渠、种好责任田，使各类课程与思想政治理论课同向同行，形成协同效应。"基于这一重要的思想，能够全面有效地提高立德树人的质量，在专业课学习的过程中不断提高学生的思想政治水平，促进研究生全面发展。根据研究生所学专业课程的特点，应该对不同专业的育人目标进行分析，指出专业知识体系中潜在的思想价值和精神内涵。同时，习近平总书记指出，立德树人，以师为范，教师传道，自己要明道、信道，高校教师以德立身、以德立学、以德施教，努力成为先进思想文化的传播者、党执政的坚定支持者，就能更好担起学生健康成长指导者和引路人的责任。加大对专业课程内容的拓展力度，分析与专业课程相关联的内容，从国际、行业、文化、历史等多个不同的角度出发，丰富课程内容。研究生思想政治教育的过程中要求导师应该发挥自身引导作用，并且思想政治专业教师应该恰到好处地将思政教育元素融入实际案例中，以更容易被研究生接受的方式提高研究生思想政治学习的水平。

五、新形势下探索研究生思想政治工作新路径——法大研究生领航训练营

(一) 强化研究生骨干联动性，发挥党支部的政治引领作用

新形势下探索研究生思想政治工作新路径是当前高校的重要工作内容，高校必须强化基层党建工作的重要意义，并且发挥党支部的政治引领作用，不断提高研究生思想政治教育的水平。为深入学习贯彻习近平总书记考察中国政法大学时发表的重要讲话精神，积极培育和践行社会主义核心价值观，培养德法兼修的高素质人才，落实北京市新生引航工程要求，夯实研究生人才培养的基础阶段，组织部、研究生工作办公室联合开展举办"领航训练营"。作为法大研究生的品牌活动，"领航训练营"的培训对象为每年新生的班长、党支书、团支书。训练营的目的是旨在通过对各位学生骨干的培训，提升研究生骨干的政治素养和理论水平，培育优秀研究生的爱国之情和强国之志，同时增进同学们之间的交流，并在今后的班级活动和学生工作中起到模范带头作用。训练营内容包括讲座、技能培训、读书活动、素质拓展等。

（二）强化研究生骨干活动，思想政治工作贴近研究生实际生活

每届"领航训练营"会举办各项讲座，涵盖心理咨询课程、学术研究课程、医疗急救知识课程、军事类讲座等，意在丰富成员的知识体系，开阔成员的社会视野，全面促进成员的身心发展。

安全技能培训在于培养成员的实务技能，提高成员的应急处理能力和健康生活能力，充分发挥研究生骨干在自我服务、自我教育、自我管理中的作用，营造和谐安全的育人环境。

读书活动的举办，意在用知识武装大脑，促进成员对党的历史、理论和性质以及国情国民的认识和理解，提升成员的精神境界和学术底蕴。

素质拓展活动的开展有利于深入学习党的十九大精神，贯彻习近平总书记考察中国政法大学重要讲话精神，推进立德树人，增强研究生思想政治工作的实效性，提升研究生群体凝聚力，增强研究生党员骨干的引领力。同时鼓励训练营成员以班级为单位，积极组织集体活动，更好地投身于训练营的学习中。

具体开展情况，以下表1、表2的第四届、第五届研究生领航训练营课程安排为例：

表1　中国政法大学2019年第四届研究生领航训练营课程安排

时间	主题	参与对象	主讲	备注
2019 年 10 月 21 日—2019 年 11 月 1 日	训练营筹备会、分班、组成班委会	学院联系人		
2019 年 11 月 3 日 8：30	开班仪式	全体学员		
2019 年 11 月 3 日 9：00	弘扬"两弹一星"精神，加强国防和军队现代化建设	全体学员必修	高同声中将	解放军原总装备部副政委，第七届、第九届人大代表

续表

时间	主题	参与对象	主讲	备注
2019 年 11 月 3 日 13：00	新媒体的运用	全体学员必修	任仕廷	清华大学研工部思政部主任，"研读间"负责人
2019 年 11 月 3 日 14：30	研究生常见心理问题的识别和调节	全体学员必修	袁莉敏	北京工业大学樊恭烋荣誉学院副院长，北京师范大学心理学博士
2019 年 12 月—2020 年 2 月	自学《习近平新时代中国特色社会主义思想学习纲要》，并撰写读书报告	全体学员必修	各班委	经典读书会、各班自主申报开展活动，学校给予项目支持
2020 年 4 月	素质拓展	全体学员必修		具体另行通知
2020 年 5 月	实地考察	全体学员必须		具体另行通知
2020 年 3 月—5 月	安全培训	学员报名选修		学员报名选修，学校统一组织，时间另行通知
	现场教学	学员报名选修		
	理论讲座	学员报名选修		
2020 年 6 月	结业	全体学员	各班委	提交读书报告、进行评优表彰

表 2　中国政法大学 2020 年第五届研究生领航训练营课程安排

时间	主题	参与对象	主讲	备注
2020 年 11 月 15 日 8：30	开班仪式	全体学员		
2020 年 11 月 15 日 9：00	法大历史和法治精神传承的党课	全体学员必修	李秀云教授	中国政法大学副校长

续表

时间	主题	参与对象	主讲	备注
2020 年 11 月 15 日 10：00	从移动通信技术的演进看待卡脖子问题和创新发展	全体学员必修	喻鹏教授	北京邮电大学网络与交换技术国家重点实验室网络管理研究中心党支部书记，中组部第七批援藏干部，北京市优秀人才青年骨干
2020 年 11 月 15 日 13：30	新闻舆论中的新媒体运用	全体学员必修	龙腾	清华大学自动化系在读博士生，现任清华大学研究生团委副书记（分管宣传、联络工作），曾任清华大学研究生会副主席、学术部部长，清华大学自动化系研究生会主席等职
2020 年 11 月 15 日 15：00	大学生危机状况的识别与应对	全体学员必修	张静教授	首都师范大学心理咨询中心教授
2020 年 11 月 15 日 16：10	防电信诈骗专题讲座	全体学员必修	北太平庄派出所民警	
2020 年 12 月—2021 年 2 月	自学《习近平新时代中国特色社会主义思想学习纲要》，并撰写读书报告	全体学员必修	各班委	在班主任指导下开展读书会、自主申报开展活动，学校给予项目支持

续表

时间	主题	参与对象	主讲	备注
2021 年 4 月	实地参观考察	全体学员必须		具体另行通知
2021 年 5 月	新时代校园劳动育人实践课堂	学员报名选修		公寓、食堂、门卫等实践岗位，参加一次视为完成一次选修课程，岗位安排具体另见安排
2021 年 6 月	结业	全体学员	各班委	提交读书报告、评优表彰

（三）探索建立研究生思想政治工作齐抓共管合作机制，形成合力

研究生"领航训练营"作为我校研究生思想政治教育的品牌项目，在工作开展的过程中应该加大力度探索建立研究生思想政治工作齐抓共管合作机制，学工队伍必须重视研究生思想政治教育工作的开展，不断提高研究生的综合素质水平。高校应该以立德树人为根本任务，从多个不同的角度入手，明确研究生思想政治教育工作开展的重点以及难点，并且构建健全的教育管理体系。学校相关的研究生培养部门等出台相关制度和要求，要对各研究生思想政治教育主体之间的工作性质和界定范围进行明确规定，厘清各自工作职责界限，做到各自应该承担的工作任务不推诿，共同做好研究生培养工作。定期举办高校研究生思政培养工作会议，交流学习好的经验做法，互相取长补短。选派研究生教学秘书、党政管理人员、导师、学生党员代表参加研讨会议，相互切磋交流，最终形成思想政治工作的强大合力，共同为研究生思想政治工作营造浓厚氛围和奠定坚实基础。

（四）项目取得的现有成果

本活动通过连续五年的举办，以"领航"为主题，使研究生骨干同学们能够在学习和生活中发挥党员模范作用，全面辐射身边同学。训练营的同学们，能够坚持"导航法则"，为班集体的前进设定航线，辨别和抵御错误思想的侵袭；坚持"影响力法则"，让同学们参与到班级建设、校园

建设的活动中来；坚持"增值法则"，拥有服务意识，坚持"公心"以服务同学；坚持"过程法则"，不断提高自身水平的能力，终身学习，向他人学习，向实践学习。

同时，使训练营成员得以强化党性修养，提高信念、提升能力素质，发挥模范作用、增强宗旨意识，树立为同学服务的意识，切实通过培训，解决思想生活的问题。自 2017 年 5 月组织部、研究生工作办公室举办首期领航训练营以来，培训营员近五百人次，全面覆盖在校研究生党支部书记、班长。

下一步，学校将融汇研究生党建、班建和团建之间的资源，组织、研工等部门协同，全面整合研究生骨干培训，推进研究生班干部专项培训，形成立体化，实效性的研究生骨干能力提升体系。

六、结论

总而言之，随着新时代的到来，我国对于研究生思想政治教育工作开展的重视程度越来越高，高校必须加大对研究生思想政治教育模式的创新与优化，按照教育部颁发的各项文件，提高研究生学术课程与思想政治教育的融合程度，促进研究生全面发展。同时，贯彻落实研究生思想政治教育规章制度，加大对研究生思想政治教育体制的完善力度。研究生领航训练营通过党课学习、高端讲座、急救培训、心理健康知识普及、读书报告等活动凝聚力量，以问题为导向，全面提升了以班级党支书和班长为主体的学生骨干队伍的综合素质，对于增强研究生班级和基层党组织凝聚力具有重要意义。全面分析国内外思想政治教育工作开展的现状，为研究生创造良好的思想政治学习环境，在大小一体、内外互动的新时代中，共同锻造为中国特色社会主义建设服务的德智体美劳全面发展的创新型人才。

概率带给师生的小确幸

——基于网络段子引出的概率问题评析

刘淑环 *

《概率论与数理统计》课程是全国经管类及理工科各专业大学生的一门必修课程。课程中蕴涵着许多深刻的思想和方法，通过对随机事件发生可能性的刻画，帮助人们对随机性问题作出合理的推断和预测。为培养并激发学生自主学习和主动探索的精神，促进学生概率思维能力的全面提升，本文利用网络上的一段段子，稍加改动，借助班级微信群，通过师生问答、交流互动，采取有奖征集解答的方式，引导学生进一步讨论该段子中涉及的概率问题。通过多角度、全方位的解读、分析，就其中涉及的各种概率问题进行阐释，并就学生解答过程中出现的问题进行思考、提出教学建议，最后又引申出概率论与数理统计课程的其他专题内容。建立班级微信群，有师生即时交流、互动的便利，本次师生一起共同探讨、挖掘闪现概率之光素材的经历不同一般，在一种欢乐、积极探索的交流氛围中，在学生主动参与其中的过程中，无形中实现了"寓德于教、寓教于乐、乐有所思、思有所得、得有所悟"的教学效果，这也是我们在进行概率论与数理课程思政教学实践中所追求的育人目标。

---

* 刘淑环，中国政法大学科学技术教学部教授。

一、问题背景

在《概率论与数理统计》课程考试结束之后，为了减轻学生们对这门课程成绩的过分期盼与关注，我利用某天晚上的休闲时间，在课程的班级微信群，发了下面这个来自网络的段子：[1]

国外某大学有四名即将毕业的学生，因熬夜通宵打游戏，耽误了当天上午的课程考试。但是，他们想到了一个好办法……他们用油脂和污垢使自己看起来很脏，然后走到教授面前说，他们今天早晨在开车的路上，车胎爆了，因此不得不把车一直推回去，所以没能来得及参加考试……这是不可抗力，希望教授能给他们一次补考的机会。教授说他们可以在三天后进行补考。这四名学生向教授表示了感谢，并且说他们会充分准备，好好考试。经过三天的苦读，他们按约定准时出现在教授面前。教授表示这是一个特殊条件下的补考，你们四个人要坐在不同的教室里进行考试。他们都同意了，在过去的三天里他们日夜苦读，也都准备好了。

然而，考试只有两道题，总分为 100 分。题目分别是：

（1）哪个轮胎爆了？（50 分）

（a）左前（b）右前（c）左后（d）右后

（2）你们各自坐在车里的哪个位置？（50 分）

（a）左前（b）右前（c）左后（d）右后

最后，这四名学生该科目都被……

这段段子的隐含用意为：当学生的永远不要低估你的老师！显然，他们四人每个题给出的一致答案就是该问题的标准答案。通过这两道题的设计，教授用一种很巧妙的方式达到了两个目的：一方面，教授不用为难，可以据此给出这四名学生的补考成绩；另一方面，教授以这种不伤自尊的方式对这四名学生是否诚实进行了一次客观的测试。

这四名学生所述事实若为真，他们给出的答案肯定一致，四人会很轻

---

〔1〕《考试》：载 http://www.360doc.com/content/21/1122/15/5909776_1005392844.shtml，最后访问日期：2022 年 2 月 24 日。本案例稍加改编。

易得到满分。这种结果，从教师角度看，对学生确因不可抗力而无法准时参加考试，可以给他们补考机会，且他们又经过了三天认真充分的准备，对该门课程知识的理解和掌握会更进一步，因此，若答案一致，都得满分成绩也比较合理，且也很好地体现了教授对学生的人文关怀。

但若这四名学生所述事实为编造，由于考试前他们不会想到教授会出这样的问题，也就没有做回答这些细节问题的心理准备，这种情况下，他们各自独立给出的答案很难完全相同。因此，他们也会轻易得到 0 分，当然也可能凭运气得到 50 分或 100 分。但无论得 0 分，还是得 50 分，均是教授对他们四人说谎、耍小聪明的惩罚。如若非常幸运，他们四人的答案完全相同，得到了 100 分，也可谓天意不可违，就给了 100 分也不为过。毕竟谁都无法知道，满分是他们幸运的蒙对，还是确有此事而答对呢？

这个段子未给出明确的结论，但结果却引人遐思。当然，无论最终成绩如何，这四名学生都会"心服口服""心无怨言"接受老师给出的课程成绩。我把这个段子发到班级微信群后，班级中有名同学，很快在微信群发来一条微信：请问他们能考 100 分的概率是多少？

身为《概率论与数理统计》课程的授课教师，我对这名同学的快速提问，很是赞赏。心里窃喜：嗯，不错，概率论没白学。生活中涉及的概率问题千变万化，学生能有意识提出学以致用的概率问题，是教师比较欣慰的事情，这比被动要求学生去解决问题更重要。这名学生在微信群抛出这个问题后，身为授课教师，我条件反射般地想利用这个问题引导学生们做点什么。于是，为调动和激发更多的同学能参与对这个问题的分析与解答，我决定以学生提出的这个概率问题为契机，在班级微信群中组织一场有奖征集解答。我在班级群快速做出回应：有奖征集该题解答，奖金 200 元。请参与的同学将解答过程及结果私信我，截止到本周六晚六点（正赶上圣诞夜），届时我会在班级微信群公布正确答案，同时正确解答该题的同学随机分享这 200 元奖金。（注：这里又暗含一个随机问题）

"重奖"之下必有"勇夫"，班级群里顿时热闹起来。在同学们发出或激励或诙谐或自黑等各种微表情之外，在规定的截止时间内，十几名同学陆续把他们各自的完整解答私信我。其实从学生们在群里的互动及整个参与过程来看，有奖征集的问题答案已经不再重要。重要的是，身为教师感受到了来自学生们主动参与问题讨论的那份热情与乐趣。学生们从之前课上每周被动地去做老师布置的作业，到现在主动地提出问题并探求对这个问题的求解，这种转变对教师而言应是种比较美妙的感觉。

当然，他们还是很期盼这个问题的答案。透过学生在微信群里的讨论和这十几名学生的完整解答，身为教师，我也发现了在概率论课程教学中容易被学生忽略的一些问题。这激发了我想写出来与读者分享，也希望在日常平凡的教学生活中，时时处处寻找到能闪现概率光芒的一些素材，若能顺便带给学生和教师一些小确幸，那就再好不过了。这也是写本文并与读者分享的初衷。

二、"四名学生能得满分"的概率预测

（一）预备知识

在求解本问题之前，对概率计算中涉及的一些预备知识点进行汇总。

1. 古典概型

若随机试验满足下列条件：

（1）有限性。样本空间 Ω 只有有限多个样本点，即样本空间为

$$\Omega = \{\omega_1, \omega_2, \cdots\cdots, \omega_n\}。$$

（2）等可能性。每个样本点出现的可能性相同，即

$$P(\omega_1) = P(\omega_2) = \cdots\cdots = P(\omega_n) = \frac{1}{n}。$$

记 $n(\Omega)$ 为样本空间 Ω 样本点总数，$n(A)$ 为事件 A 所含样本点数，则事件发生的概率为

$$P(A) = \frac{\text{事件} A \text{ 中所包含的样本点数}}{\Omega \text{ 中所包含的样本点数}} = \frac{n(A)}{n(\Omega)}$$

这个概率成为古典概率。在利用古典概型计算概率时，要注意"等可能"的条件。[1]

---

〔1〕 刘淑环：《文科高等数学》，中国政法大学出版社 2016 年版。

2. 概率运算性质

(1) 若事件 A 和事件 B 互斥, 则有 $P(A + B) = P(A) + P(B)$

(2) 若事件 A 和事件 B 独立, 则有 $P(A \cap B) = P(A) \cdot P(B)$

(3) 对事件 A, 其对立事件为 $\bar{A}$, 则有 $P(\bar{A}) = 1 - P(A)$

(二) "四名学生能得满分" 的概率预测

为叙述方便, 下面用 A_1 表示 "这四名学生第一题答案一致, 都得 50 分", A_2 表示 "这四名学生第二题答案一致, 都得 50 分"。显然, "这四名学生能得 100 分" 表示为 $A_1 \cap A_2$。根据问题背景, 关于 $P(A_1)$ 和 $P(A_2)$ 的概率计算均可归结为古典概型。参与答题的同学都给出了 $P(A_1)$ 的相同的解答过程和结果。但在求解 $P(A_2)$ 时, 出现了一些分歧。具体分述如下:

1. 第一题 "四人答案一致, 都得到 50 分" (A_1) 的概率预测

根据题意, 第一题是单项选择题。四名学生的成绩要么都是 50 分, 要么都是 0 分。要得到 50 分, 需要他们四人各自给出的单选答案要完全一致。由于每人均有 4 种选项, 样本空间中样本点数为 4^4。在这些可能的选项中, 四名学生的选项若完全相同, 只有 4 种情况, 即四人同时都选 a 或都选 b 或都选 c 或都选 d。根据古典概型, 可得到 $P(A_1) = \dfrac{4}{4^4} = \dfrac{1}{64}$。

2. 第二题 "四人答案一致, 都得到 50 分" (A_2) 的概率预测

根据题意, 第二题是简述题。四人的成绩仍然要么都是 50 分, 要么都是 0 分。但在能得到 50 分的理解上出现了歧义。有同学认为, 该题仍然是个单选题, 只要 "四个人给出各自位置的答案" 互不相同就可以得到 50 分, 因此, 和第一题一样, 样本空间中样本点数为 4^4, 在这些可能的选项中, 四人给出的选项互不相同, 共有 $A_4^4 = 4!$ 种可能情况, 因此, 第二题中, "这四名学生答案一致, 都得 50 分" 的概率为 $P = \dfrac{A_4^4}{4^4} = \dfrac{3}{32}$。

这个结果是否正确? 直观来看, 第二题获得满分的难度明显要大于第一题获得满分的难度, 但从这些同学给出的概率值来看, 其概率却反比第一题的概率要大, 这显然与实际不符, 由此可判断这些同学给出的这个概

率计算有问题。再仔细阅读该题：给出各自坐在车里的哪个位置？该题重点在于需要简述"各自坐在哪里"，即每个人不仅要写出自己坐的位置，同时还要写出另外三个人坐的位置。只有他们四人给出的答案完全一致，才能得到 50 分。而上面的计算只考虑了四个人各自的位置互不相同，却没有考虑同时给出的另外三人的位置是否完全一致。因此，另外一些同学对第二题的下面解答才更符合题目要求：

"四个人各自坐在车里的哪个位置"，每个人要保证各自坐在四个不同位置，即对四个选项要先进行全排，有 $4!$ 种可能情况，每个人需各自独立完成这种全排，故样本空间中的样本点数为 $(4!)^4$。在这些选项中，"四人给出的各自坐在车里的位置"相同的选项有 $4!$ 种可能情况。根据古典概型，可得 $P(A_2) = \dfrac{4!}{(4!)^4} = \dfrac{1}{(4!)^3} = \dfrac{1}{24^3}$。

3. 第一题和第二题"四名学生都得 100 满分"的概率预测

由于四人独立解答，且两道题满分与否相互独立。根据概率乘法公式：

$$P(A_1 \cap A_2) = P(A_1) \cdot P(A_2) = \frac{1}{4^3} \times \frac{1}{24^3} = \frac{1}{884736}$$

这个结果说明，这四名学生在本次补考能得到 100 分的概率，相当于在 884 736 次考试中大约只有一次能获得 100 分。这么小的概率，利用统计学的"小概率事件不可能原理"，这次补考中四个学生不可能得到满分。

三、对概率论课程教学的一些思考与建议

从常规的课程教学来看，上面同学们给出的概率计算过程可认为是正确的。但从解决的问题背景来看，上述的求解过程存在一定的瑕疵。必须明确，适用古典概型，需要满足"等可能"条件。但上面的计算过程，并没有关注该模型"等可能"条件是否满足。这种忽视模型适用条件的讨论与分析，会直接影响模型结果的正确及准确。从学生对问题解答过程中出现的问题来看，很有必要对我们的课程教学在相关专题的教学进行反思。下面结合教学实践，提出如下几点建议。

（一）教学不仅要注重"由因索果"的推理，更要关注"由果索因"的探索

传统的课程教学，一般都是基于纯粹的数学知识，通过对设定的已知条件的不断变化，进行各种各样精准的计算、严谨的逻辑推理，进而得到论证的理想结论。这种教学模式下，更多的是考量和训练学生对已有数学知识的掌握程度。而这种考量和训练，往往带有重复性和技巧性，学生在其中更多的是感受整个演绎推理过程的体验，而往往不太关注在计算、推理、论证中涉及的数学概念、定理及公式中那些给定的前提条件是如何提出的，也很少能思考那些条件和结论与现实模型之间的对应关系。

然而，无论是自然学科、还是社会学科或是人文学科中涉及的各种专业问题，并非一开始就呈现出某种数学问题的原貌，而是需要学生动用发散思维，利用各学科知识，通过建立数学模型，对实际问题进行分析、求解。在数学建模过程中，需要从问题的背景，抽象出能反映问题实质的一些数学量，为找到这些量与量之间的数学关系，需要提出使问题简化、并能有效进行数学推导所必备的一些条件，这些条件即为假设。只有在充分的、合理的假设下，后续才能科学地、无障碍地应用各学科间的知识及其联系，进行有效的数学模型建立及求解。因此，在教学中，应该加强学生对数学定义、定理及公式中条件要求的理解与应用，弄清楚那些条件如何演变而来。教学中，不仅要尊重传统课程中"由因索果"的推理教学，更要关注"由果索因"的探讨性教学。

（二）加强案例教学，将提高学生分析问题、解决问题的能力落到实处

传统的概率论与数理统计课程教学中，更多的仍然还是对抽象出来的数学知识，通过逻辑论证，得到另外更加抽象的结论。目前还比较缺乏有效的、综合的教学案例，能贯穿于整个教学过程中。日常的教学，由于缺少对学生将实际问题进行抽象化表述的能力训练，直接的体现就是，学生在进行数学建模过程中，往往没有对实际问题进行抽象并提出合理假设的意识，也缺乏提出充分且合理假设的能力。

例如，"古典概型"需要满足"等可能"条件。在教学中，学生们都能理解"等可能"的要求，也清楚"古典概型"是将概率计算转为比例计

算。但在各种实际问题中，什么样的假设可以保证"等可能"？这点在教学中并不会过多关注。归结到本文涉及的概率计算，对是否有"等可能"条件做保证？学生在给出的解答中基本没有进行说明。就本题背景而言，"等可能"说的是四个人各自从四个选项中随机选取某项的概率都相同，但如何做到这点？实践中需要对此做出合理的假设。就本问题至少应该提出如下的假设才满足要求：第一题，假设仅有一个轮胎爆胎；第二题，假设他们四人都没有驾照。（注：若有驾照的话，自然会知道司机只能坐在左前那个司机专属座位。）同时对于这两个问题的求解，还要共同提出一个假设，就是假设"四个人在说谎"。（注：之所以提出这样的假设，是因为只有在说谎的情况下，四个人才是随机的等可能地给出某个选项的答案，且拒绝一个命题要比接受一个命题容易，这里涉及数理统计中"小概率不可能原理"。）只有在提出这些合理的假设下，四个人各自给出的答案才是随机的。也只有基于这些假设，才能得到同学们给出的上述"四人能获满分"的概率预测的结果。

（三）结合实际问题背景，启迪学生的发散性思维

传统数学教学中，更多的是关注对学生进行严谨的逻辑思维的培养与训练。但在解决实际问题时，更需要的是发挥学生发散性思维的作用，对问题的分析需要打破固有的思维框架，广阔视野，在思维不断地放射、扩散、求异中寻找问题的实质。完成这一步，才会有后续数学教学中所追求的逻辑推导的完美。

例如，在本文的概率问题中，他们四人是否有驾照对概率分析是影响吗？现在社会已经进入车轮时代，结合问题背景，考虑这四名大学生的年龄段，根据常理，他们四个人应该知晓，司机的座位（左前方）若从有驾照的同学中选择会更容易使四人选项结果一致。这种情况下，这四人从四个选项中各自选择的答案概率就不会相同，此时若利用"古典概型"就会出现问题。同时，这种情况下，是否还需要进一步考虑如下情况？在四名同学中"都没有驾照""只有一人有驾照""恰两人有驾照""三人有驾照""四人都有驾照"的情况下，他们"四人能得到满分"的概率是否又发生变化？结果如何？再比如，基于常识，结合实际背景，车辆的四个轮

胎爆胎的可能性是否相等？如若不同，第一题中是否还能利用古典概型？（注：请有兴趣的读者自行思考并可按上述思路进行求解。）

同学们在求解概率中所出现的以上这些问题，提醒我们教育者，在日常的《概率论与数理统计》课程的教学活动中，教学不仅要注重"由因索果"的推理训练，更要注重"由果索因"的探索。关注学生对课程知识的掌握及应用程度的同时，也要启迪学生对求解实际问题时能够提出合理假设的能力培养与训练，强化学生对定义、公式及定理中已知条件的理解与应用，通过多种途径挖掘能引起师生共同探讨兴趣的教学案例，培养学生对已有知识进行开放的、发散式的探索，最终培养学生以概率思维去面对各种随机性问题的挑战。

（四）提升学生课堂主体地位，引导学生探究问题之良好习惯，提高解决问题能力

美国著名教育家、哲学家、心理学家约翰·杜威说过："科学教育不仅仅是要让学生学习大量的知识，更重要的是要学习科学研究的过程或方法。"而教育家施瓦布所倡导的探究教学中，他认为学习"不在于占有的信息，而在于拥有的探究能力"[1]。

在概率论与数理统计课程中，有很多从实践中引申来的数学概念，比如数学期望、方差、极大似然估计、相关系数，等等。学习这些概念的最终目的，在于运用好概念，解决实际问题。在教学实践中，要让学生从对概念的机械记忆和大量的枯燥计算中解放出来，首先要做的，就是要积极发挥学生的课堂主体地位作用，调动其探究兴趣。

四、对该问题的进一步探讨

同学们对这段网络段子引出的概率计算已经解决。但除此之外，还可以结合概率论与数理统计课程的内容，启发学生进一步思考并予以解决。

（一）根据考试结果，教授判断四人是否说谎的理论依据是什么？

这个问题，引出了数理统计中的假设检验问题。假设检验思想如下：

---

〔1〕 孙建波：《探讨大学数学教学中导入概念和结论的策略》，载《课程教育研究》2019 年第7 期。

首先提出一个原假设 H，假如试验结果与 H 发生矛盾就拒绝原假设 H，否则就接受原假设。[1]

为检验这四名学生是否说谎，根据本文背景，提出原假设 H_0：四名学生在说谎。

之所以提出这样的原假设，是因为在假设检验中，拒绝一个命题要比接受一个命题容易，且也只有在四人说谎的情况下，四个人才是随机地从四个选项中等可能地给出某个选项。

基于上面的假设，即假如假设 H 是正确的，同学们没有给出具体哪个选项的能力，他们只能等可能的猜测给出各自的选项，这种情况下，"四名学生都猜对，能得满分"的概率为 $\dfrac{1}{884736}$，这是一个非常小的概率，在一次试验中是几乎不会发生的事件，若该事件竟然发生了，这只能说明原假设 H 不当，应予拒绝，而认为这四名学生没说谎。若该事件没有发生，说明原假设 H 并无不妥，没有理由拒绝，只能接受原假设，即这四名学生在说谎。因此，最终教授就可以根据补考的结果来得出这四名学生是否说谎的判断。这就是数理统计中费希尔用试验结果对假设 H 的对错进行判断的思维方式。[2]

(二) 考试成绩的期望分数是多少？

这个问题，引出的是概率论中数学期望的概念。数学期望实际是个理想值，是从平均的角度来度量人们心中对事情的一种美好期盼，也可以说是人们心中的一种念想。定义如下：

设离散型随机变量 X 的概率分布为 $P(X = x_k) = p_k$，$k = 1$，2，……，若级数 $\sum\limits_{k=1}^{\infty} |x_k| p_k$ 收敛，就称 $\sum\limits_{k=1}^{\infty} x_k p_k$ 为随机变量 X 的数学期望，简称期望或均值，记为 $E(X)$，即 $E(X) = \sum\limits_{k=1}^{\infty} x_k p_k$。[3]

根据本文的问题背景，考试中四名学生各自得到的分数都是随机变量

---

[1] 茆诗松等编著：《概率论与数理统计教程（第 2 版）》，高等教育出版社 2020 年版。
[2] 茆诗松等编著：《概率论与数理统计教程（第 2 版）》，高等教育出版社 2020 年版。
[3] 刘淑环：《文科高等数学》，中国政法大学出版社 2016 年版。

X，可能取值为 0 分、50 分、100 分。根据独立事件条件下的概率乘法公式，他们"四人均得到 0 分"的概率为：

$$P(X = 0) = P(\overline{A_1} \cdot \overline{A_2}) = P(\overline{A_1}) \cdot P(\overline{A_2}) = (1 - \frac{1}{4^3}) \times (1 - \frac{1}{24^3})$$

根据互斥事件的概率加法公式，他们"四人均得到 50 分"的概率为：

$$P(X = 50) = P(A_1 \cdot \overline{A_2} + \overline{A_1} \cdot A_2) = P(A_1 \cdot \overline{A_2}) + P(\overline{A_1} \cdot A_2) = \frac{1}{4^3} \times (1 -$$

$$\frac{1}{24^3}) + (1 - \frac{1}{4^3}) \times \frac{1}{24^3}$$

根据上述计算结果，"他们四人能得到 100 分"的概率为：

$$P(X = 100) = P(A_1 A_2) = P(A_1) \cdot P(A_2) = \frac{1}{4^3} \times \frac{1}{24^3} = \frac{1}{884736}$$

根据离散型随机变量数学期望的定义，即可得到本次考试成绩的期望分数为：

$$E(X) = 0 \times P(X = 0) + 50 \times P(X = 50) + 100 \times P(X = 50)$$

（注：由于该值结果小于 1，略去准确值。）

(三) 四名学生中有驾照的人数，对他们考满分的概率是否有影响？

由于现在社会已经进入车轮时代，结合本问题背景，大四的学生更多的都已经考取驾照。根据常理，他们四个人应该知晓，司机的座位应该从有驾照的同学中选择。这样，在四名同学中，"都没有驾照""只有一人有驾照""恰两人有驾照""三人有驾照""四人都有驾照"的情况下，"他们四人能得到满分"的概率是否发生变化？结果如何？当然这又涉及概率论中二项概型问题。本文对此不再展开讨论，请有兴趣的读者自行思考并按同样的思路进行求解。

五、结语

这个网络段子虽然隐含着"学生永远不要低估你的老师"，但从学生参与讨论的整个过程中，我更多的是感受了学生拥有概率思维带来的美好。同时，除了得到了学生关注事件的概率计算结果，做进一步发散思考，还会涉及二项概型问题、数学期望问题、假设检验问题等，这些知识点又恰能前后有机结合，串联起概率论与数理统计课程的主要内容，无疑这将是编写概率论与数理统计课程教学案例的一个很好素材。既能体现学生对概率知识的理解程度及应用能力，也能启迪学生的概率思维及发散思维，无形中又将诚实的品格寓于其中，可谓一举多得。身为教师，也要时刻关注生活中"司空见惯"的现象及其背后蕴含的科学道理和逻辑关系，将之予以提炼，让"呆板"的数学概念在丰富的实践中变得栩栩如生，趣味盎然。也希望在以后的课堂教学及师生日常交流中，能共同发现感兴趣的问题，并一同探讨，尽力挖掘出能闪现概率之光的这种素材，带给师生一些共同的小确幸，以概率思维去面对各种随机性问题的挑战。

文化危机与精神焦虑：
《我们时代的神经症人格》释读

商　磊　袁可微*

凯伦·霍尼作为精神分析社会文化学派的代表，在建构其焦虑理论的过程中逐渐形成了神经症人格理论，探明了神经症人格的本质和形成机制，划分了神经症人格的类型。《我们时代的神经症人格》一书，是霍尼的神经症人格理论的起点，也标志着精神分析社会文化学派开始形成。在"内卷"与"躺平"充斥在人们言谈话语之中的今天，这本经典著作穿越岁月重现我们眼前时，其现实意义仍然引人深思。"内卷"一词意指"竞争"与"焦虑"之间的恶性循环，以及"焦虑"之下人们内心安宁的丧失，由其迅速蹿红的流行热度，折射出"我们时代的神经症人格"普遍存在的社会现实。在物质生活不断改善与提高的今天，"内卷"何以激烈？内心的冲突如何解决？如何去除心中的焦虑和敌意，正是"我们时代"很多人面临的难题。《我们时代的神经症人格》写作之时正值美国经济大萧条时期，美国社会一片迷惘，人们对未来的生活保障与发展等问题忧心忡忡，呈现了不同类型但特点相同的"我们时代的神经症人格"。其写作时代、遭遇背景与今天的我们有很大不同，但与"我们时代"社会心理问

---

*　商磊，中国政法大学政治与公共管理学院教授。袁可微，中国政法大学政治与公共管理学院硕士研究生。

题的形成机制与表现形式有很大相似之处。霍尼强调——我们的情感和心态在极大程度上取决于我们的生活环境，取决于不可分割地交织在一起的文化环境和个人环境。如果我们不能详细地了解某一特殊文化对个人所发生的种种影响，我们就不可能理解个人的人格结构。不止霍尼的"文化决定论"值得今天普遍拥有焦虑的我们深刻反思，一句"我们时代的神经症人格"更是具有长远的启示意义。这句话并非简单的一篇著作题目，更是一种特定时代社会心理的精彩总结。霍尼认为"神经症"虽然是一个医学术语，但其成因却与特定时代的文化内涵难以脱离："现代文化在经济上是建立在个人竞争的原则上的，独立的个人不得不与同一群体中的其他个人竞争，不得不超过他们和不断地把他们排挤开。"[1]这种竞争不可避免地滋生了基本的敌意，而且伴随着这种竞争的潜在敌意，紧张已经渗透到一切人际关系之中。

由于霍尼认为对神经症的判别不可避免地受到特定文化背景的影响，因此理解神经症应当结合心理学和社会学双重标准，即从心理学的观点来看，它是一种心理紊乱或心理障碍的状态；从社会学的观点来看，它则是对某一特定文化中共有的行为模式的偏离，两种取向不可偏废。沿着这一思想，当谈论"我们时代"的"神经症人格"时，霍尼突破了心理学家的身份，更是从社会学角度反观人性，不仅仅强调所有的神经症都有相同的基本性格特征，更强调这些本质特征是由存在于我们时代和我们文化中的种种困境造成的。也就是说，神经症人格不仅仅是患者个人的病症，更是整个社会共同的病态特征。

在科技时代的背景下，人类生活的各种条件都在优化，生活的方方面面都更加便捷，人类社会正在经历着日新月异的变化。但是科技加快了社会变革的速度和人类生活的步伐，人类不得不被卷入竞争愈发激烈的洪流之中，需要付出更多的努力和心血来面对日益激烈的竞争和挑战。在激烈的竞争过程中，人类的内心世界也在变化，焦虑和冲突有所增加，竞争中滋生着潜在的敌意。科技的进步与经济的发达馈赠人们更便捷更富裕生活

---

〔1〕 ［美］卡伦·霍尼：《我们时代的神经症人格》，冯川译，译林出版社 2011 年版，第 210 页。

的同时，加快了前进步伐的人类也相应呼吸急促，心中块垒增加，甚或悲剧案例频频出现。纵观全球，现代社会中发生的恶性事件无不反映出人类精神危机的加剧，这一定程度上折射出了现代社会中的"神经症人格"。

一、焦虑：神经症人格的动力中枢

心理学家霍尼将神经症描述为"由于人的恐惧，和为了对抗这些恐惧采取的防御措施，以及为了缓和内在冲突，寻求妥协解决的行为过程中所导致的心理紊乱。实际上，只有当这种心理紊乱偏离了特定文化共同的模式，才应该被叫作神经症"。[1]霍尼在此处的定义虽然未严格区分"焦虑"与"恐惧"，但是随后我们看到了她继续的解释："恐惧是一个人在面对危险时做出的正常反应，而焦虑则是对危险的不合理的反应，甚至是对想象中的危险的反应，在处于焦虑的情况下，危险不是客观存在的，而是隐秘和主观内在的。"[2]显然，神经症人格对未来强烈不安的焦虑与冲突特质偏指后者。人难免会焦虑，例如担心考核、担心得病、担心考试无法过关，正常人能够通过积极调整一定程度上克服焦虑；对于神经症患者而言，他们对自己的焦虑却不能自知，因为意识到焦虑意味着他们认识到了引发焦虑的冲突和敌意，而这恰恰是他们不希望去面对的难题。所以神经症患者常常也会通过自己的合理化、自我麻痹等方式逃避焦虑，比如他会觉得他的无力感来自一种合理地对危险的恐惧反应，是真的有人想要伤害他；或者表现出对睡眠的过度需要，沉溺于工作，等等；当他们产生由焦虑引起的疲惫、紧张乃至一些严重的生理反应时，他们自己也常常将之归结为现实中激发其焦虑的特殊情境。

霍尼认为，如果试图明确找到客观性恐惧和主体性焦虑的区别，那么就要根据某一特殊文化中的判别标准。当一个时期的主流社会评价作为唯一尺度时，偏离了主流的行为方式会遭遇排挤、疏离，被贴上"不正常"标签的人们会因此承受孤独等压力，陷于无能为力的危机感之中。每一种

---

[1]　［美］卡伦·霍尼：《我们时代的神经症人格》，冯川译，译林出版社2011年版，第13页。

[2]　［美］卡伦·霍尼：《我们时代的神经症人格》，冯川译，译林出版社2011年版，第22~23页。

文化所提供的生活环境都会有不同程度的压力，正常人虽然也未能免除自身文化赋予的某种张力，但尚能在积极调整中谋得变通；神经症病人则因为反应方式的固执，以及潜能和实现之间的脱节，尤其当这种固执被认为偏离了时代的文化模式时，便可能成为神经症人格。神经症患者必然为自己的焦虑以及防御措施付出高昂的代价，"事实上，神经症病人不可避免的是一个受苦的人"。[1]当然，神经症病人的焦虑并不完全指现实生活实际所处的环境，而更指他内心所焦虑感受的环境，是个体因恐惧于脱离主流社会标准而有的渺小感、孤独感、软弱感、恐惧感和不安全感。但霍尼同时提醒我们，远离竞争也可能是个体做出的主动选择，比如比起权力财富，他更愿意选择压力小的工作；而虽然看起来站在社会主流、但一刻也不能停下的人也可能患有严重的神经症。[2]

霍尼强调了现代文化建立于个人竞争的本质之上，而竞争和随着竞争而来的敌意使人随时随地处在焦虑状态中，因而焦虑以及对抗焦虑的防御机制，是一切神经症人格的共有因素，无论神经症病人人格结构多么复杂，这种焦虑始终是产生和保持神经症过程的内在动力。

二、神经症的溯源：童年时代的早期经验

那么在我们这个时代，什么是产生焦虑的主要原因呢？霍尼认为产生焦虑的主要力量是敌对冲动，或者称之为敌意。即在我们的时代的神经症中，敌意是造成焦虑的主要心理力量。理解这样一种论断，需要首先了解神经症的形成机制，其次从中去发现敌意对于焦虑的产生起着什么样的作用，又是在什么样的情况下，这种焦虑发展成为一种神经症。

霍尼继承了弗洛伊德精神分析学早期经验与无意识的理论，认为神经症的发展过程应追溯到最初的童年时期。在考察了众多神经症病人的童年经历之后，霍尼发现，幼年焦虑是神经症形成的必要因素，缺乏真正的爱和温暖是神经症病人童年时期的明显特征。[3]儿童遭受到创伤，缺乏爱和

---

〔1〕　[美]卡伦·霍尼：《我们时代的神经症人格》，冯川译，译林出版社 2011 年版，第 11 页。
〔2〕　[美]卡伦·霍尼：《我们时代的神经症人格》，冯川译，译林出版社 2011 年版，第 7 页。
〔3〕　[美]卡伦·霍尼：《我们时代的神经症人格》，冯川译，译林出版社 2011 年版，第 52 页。

温暖，这一现象主要是父母的行为导致的，父母是孩子成长过程中最重要的人，是儿童幼年时期最依赖的人，陪伴着孩子们从牙牙学语到长大成人。在生命伊始，父母对孩子的教育和态度能够影响孩子一生的发展，对子女的人格塑造有着重要意义。父母的支持和鼓励是每个儿童最想得到的，而父母的许多行为，即使是无意的，也会对儿童的人格发展有着重要影响。父母的一些失当行为，是引起儿童心中敌意的导火索，例如父母对不同子女的不平等的偏袒或冷漠，对子女兴趣爱好的阻拦，对子女交友的干涉等。孩子在成长的过程中，大都曾有过自己想要全身心投入的兴趣爱好，如男孩立志成为赛车手、运动员，女孩想要成为歌手或是舞蹈家，然而此类爱好大多数都被父母以影响学习成绩等理由阻拦和拒绝。这是由于家长们普遍认为"不能让孩子输在起跑线上"，近年来很多省市提倡中小学生"减负"，学校布置的作业少了，放学的时间提前了，但是在学校"减负"的背景下，课外辅导班逐渐流行，于是家长和孩子们奔波于学校和不同的辅导班之中；现在为了进一步解除中小学学生的负担，取缔辅导班的政令已出，但家长们又在担心"一对一"辅导是否会悄然兴起，精神的紧张焦虑并未因政策的改进而有片刻放松。我们常常能够看到如此的激励口号，类似"只要学不死，就往死里学""提高一分，干掉千人"。这些现代社会神经症人格在教育领域比比皆是。父母强大的控制欲掩盖在"为你好"的固执坚持中，儿童或许试图反抗，但是他们的反抗是无能为力的，长期的反抗心理使得儿童心中潜在地滋生敌意，由于对父母的需要，以及对父母所代表的社会力量的敬畏，儿童只能压抑自己的敌意，在不断压抑敌意的过程中，儿童逐渐产生了幼年的焦虑。"内卷"的环境给孩子们树立了竞争的意识，也带来了无限的压迫感和焦虑感，青少年的心理健康状况逐渐下降，抑郁症等心理疾病频发，更严重的是，很多不堪重负的青少年选择自杀来结束自己的豆蔻年华。除了兴趣爱好的受挫，兄弟姐妹之间的嫉妒心理也是构成敌意和幼年焦虑的重要因素。

　　总之，长期以来的不公平对待甚至是以爱名义下的严苛，使得儿童产生了焦虑和敌意，但是儿童只能依靠父母，他们无力反抗，只能默默承受，由此心中压抑的敌意逐渐加深。在家庭以外的其他成长环境，儿童也可能受到心理创伤。童年时期是人一生的起点，在起点上便产生了焦虑和敌意的人们，由于缺乏爱和温暖，日后的生活中他们会对爱格外渴望，而得不到爱的他们便会愈发焦虑，逐渐加深内心的敌意，或许他们自己并没有意识到，幼年时期埋下的种子已经发芽，并逐渐生长，在生活的种种困难和压力之下，童年时期缺乏爱和温暖的人，更容易感受到孤独和压抑，在这种情况下，神经症人格逐渐形成。

这种童年经历虽然并不必然导致神经症，但这种压抑的焦虑与敌意却犹如一块易滋生病菌的肥沃的土壤，因而霍尼将其称作为"基本敌意"与"基本焦虑"。敌意和焦虑通过一系列的途径彼此强化。虽然对于神经症的形成，幼年焦虑只是一种必要因素，并不是充分原因。但"从早期的焦虑到成年的怪癖，有一条没有间断的反应链"。[1]这意味着，有利的环境有可能防止某种特定的神经症。不幸的是，在一个恐惧于资源有限的集体性焦虑里，"基本焦虑"与"基本敌意"往往在劫难逃，从而推动所有那些足以构成神经症的内在过程。我们看到了不止一个这样的案例，望子成龙的母亲却成为孩子神经症形成的重要起因，甚至出现了孩子不堪重压、跳楼抗议的悲剧。诚如霍尼的分析，"文化环境不仅为个人经历增添分量和色彩，而且归根结底决定了它们特殊形式。一个人拥有一位专断的母亲或拥有一位富于自我牺牲的母亲，这可以说是个人的命运，但只有在特定的文化环境中，我们才能发现这样的母亲。同时也仅仅因为存在着这些文化条件，这样一种经验才会对该人往后的生活发生影响。"[2]而且，对于这样的母亲，我们也不能简单地将之视作悲剧的加害者，因为她们本人也是"我们这个时代的神经症人格"。

人本主义心理学家马斯洛在建构他著名的动机理论时，也曾经寻找神经症的起源与需要之间的关系，"神经症从其核心和起源来看，似乎是一种缺失性疾病；它起源于没有在一定程度上满足我称之为需要的东西，这些需要是和对于氨基酸和钙的需要是一样的，即它们的缺失会引起疾病；

---

〔1〕　〔美〕卡伦·霍尼：《我们时代的神经症人格》，冯川译，译林出版社 2011 年版，第 51 页。

〔2〕　〔美〕卡伦·霍尼：《我们时代的神经症人格》，冯川译，译林出版社 2011 年版，第 2 页。

大多数神经症，除其他复杂因素外，都是一些愿望，如安全、归属和自居、密切亲爱关系、尊重和威信等愿望未能满足造成的"。[1]霍尼指出，当大量焦虑产生后，会产生一种令人难以忍受的情绪，因为焦虑包含的内在的软弱感、孤独感等会促使个体想要依赖他人，但是他内心的敌意又会使他对他人怀着深深的不信任，所以个体不可避免地会花费大量的精力，去寻求安全保障。同样，马斯洛也把这种人之早年的缺失性需要看得至关重要，"正是这些在本质上是有机体身上的赤字所形成的需要，我把它叫作匮乏需要或缺失性需要，打个比喻说，这些缺失就像为了健康的缘故必须填充起来的空洞，而且必定是由其他人从外部填充的，而不是由主体填充的空洞。"[2]

当人携带着早年的对于爱、归属、尊重等"缺失性需要"投入社会中来时，因无望获得爱的"基本焦虑"转而对权力、名望、财富更有了强烈的渴求。霍尼认为，在我们的文化中，常见地保护自己免受焦虑的方式有四种：爱、顺从、权力和退缩。之所以选择这四种方式，是基于人们的四种认知：①如果你爱我，你就不会伤害我；②如果我屈服，我就不会受到伤害；③如果我拥有权力，就没有人能够伤害我；④如果我退缩，就没有什么能够伤害我。第四种方式是比较特殊的，因为前三种方式都是以某种方式与世界进行周旋，但是第四种是彻底从世界中退缩出来，这并不意味着过完全隔离的隐居生活，而是他会将个人的需要缩减到最低程度，呈现出对任何事情都满不在乎的态度，意即当我什么都不在乎的时候，我也就不会受到伤害。这种情况的描述我们并不陌生，与今天描述的"躺平"如出一辙。由于神经症患者的要求往往是过分的，所以在现存的社会中，对某一目标执着的追求，不但很难实现其目的，反而会陷入与周围环境的冲突中。此时，一个人常常可能采用几种互不相容的不同的方式来从巨大的焦虑中获得安全感，比如他既希望顺从别人，又不自觉地将自己的意志强加于别人；既希望得到爱，又难以自制地疏远别人，于是他就陷入了种种

---

〔1〕 ［美］马斯洛：《存在心理学探索》，李文湉译，云南人民出版社1987年版，第17页。

〔2〕 ［美］马斯洛：《存在心理学探索》，李文湉译，云南人民出版社1987年版，第19页。

完全不能解决的冲突。正是这些冲突,构成了神经症的最为常见的动力中心。

三、神经症的能动中心:基本冲突

如上所述,除了焦虑及其相伴而生的防御机制,内心冲突是神经症人格的另一种特性。例如鄙视利益争夺,却又渴望竞争中胜出;欲独善其身,又难以忍受社会比较下的资源失落。愿望之间相互抵触,造成了内心冲突。神经症就是这样在人们试图采取种种方式缓解内心的焦虑和冲突的过程之中逐步形成的,在这个过程中产生了无法调和的心理紊乱,以致一种病态人格应运而生。

霍尼认为基本冲突是因相互矛盾的态度而产生,并构成了神经症的核心,它是一个能动的中心,神经症从这个中心向四周发射出来。[1]基本冲突包含亲近人、回避人、对抗人三个方面的趋势。霍尼将神经症人格分为三类,即屈从型人格、攻击型人格和孤立型人格,明确了亲近人、对抗人、回避人每一种趋势的冲突中占主导地位的人格类型,并且指出了神经症的产生并不是单一人格类型的作用,而是多种因素共同作用的结果。屈从型的人需要温情和赞赏,强烈渴望亲近感和归属感,极其需要一个人爱他、需要他,特别是某一个人需要他,对于归属感和安全感有着贪婪的欲望和无尽的需求,愿意从属于他人、依附于他人,因为他们认为他人始终比自己优秀,并且非常在意他人的评价和看法。一旦被他人拒绝或排斥,他们的内心就会感到压抑和焦虑;而具有攻击型人格的人随时处于斗争状态,不惜一切地争斗,对自己具有主观的自我肯定,认为自己是最优秀的,欲展现自己的强大从而获得权力和名望。他看起来就像是一个刺猬,用坚硬的外壳包裹住脆弱的内心,实际上他和屈从型人格的人同样压抑脆弱。实际上,他所表现出的强大是由内心焦虑产生的,需要陷入不断地争斗中来解决内心冲突和压抑;回避人倾向的神经症患者往往是孤立型人格。孤立型患者不但与他人疏离,而且自我孤立。孤立型患者与前两种类

---

〔1〕 [美]卡伦·霍尼:《我们内心的冲突》,王作虹译,译林出版社 2011 年版,第 21 页。

型的患者一样充满了焦虑，但是与前两种类型的患者不同，屈从型患者追求爱和温情，攻击型患者渴望成功和权力，而孤立型患者不要别人介入和影响自己，压抑一切的感情，甚至否定感情的存在，远离他人是他们所采取的防御措施，以此回避焦虑和内心的冲突，这似乎是最有效地解决冲突的防御。三种冲突的类型具有各自的个性，又具有他们的共性，每一种神经症人格都有占主导因素的基本冲突，但是神经症的产生是多种因素共同作用的结果。

意识到内心的冲突后，神经症患者往往会采取措施来解决他们内心的冲突，其解决主要有两种途径：理想化意象和外化作用。理想化意象是神经症患者自己幻想出一个完美的理想化的自我，是一个没有缺陷的自我的形象。由自我理想化，患者产生了对自我的疏离，他不敢也不愿意承认真实的自己，并且逐渐在理想化过程中忘记了本身的自我。神经症患者容易陷入"自我理想化"的陷阱，促使自己去认同"理想化的自我"，在追寻"理想自我"的过程中，产生了一种强大的驱力，霍尼将这种驱力命名为探求荣誉（Search for glory），探求荣誉的核心是"自我理想化"，还包括对完美的需求、神经症式的雄心和对报复性胜利的需求几种组成元素。[1]神经症患者试图将自己塑造为理想中完美的人，具有强烈的完美主义倾向；神经症式雄心表现为他们渴望外在的成就，渴求权力、威望、荣誉，并且始终被荣誉的幻影所裹挟；而其对报复性胜利的需求则是最具伤害性的元素，患者大多是将自己的快乐建立在别人的痛苦之上，想要获取至高无上的地位以战胜别人。然而，在探求荣誉的过程中，神经症患者会逐渐意识到"现实自我"与"理想自我"之间存在一定的差距甚至冲突，二者仿佛存在一个不可跨越的鸿沟，他们渴求的优越感无法实现，更无法达到他们心中理想化的自我。外化倾向的患者选择逃离自我，把每一事物都看成发自外部。外化作用的患者比理想化意象的患者更为严重，这是一个自我泯灭的过程，他们的自我疏离是神经症患者的典型表现。

当神经症患者沉醉于理想化的自我时，自负和自恨紧紧相随，长此以

---

〔1〕　［美］卡伦·霍尼：《神经症与人的成长》，李明滨译，上海译文出版社 2016 年版，第 16 页。

往会导致神经症病人的人格发生分裂。这种分裂的核心是理想化自我与真实自我、现实自我的冲突，也就是真实自我的建设性力量与理想化自我的破坏性力量之间的冲突。

四、神经症的表现与特点

(一) 神经症的表现：焦虑和冲突导致的病态倾向

神经症患者两种最明显的倾向是对爱的病态需要和对权力与控制的渴望。对爱的病态需要形成的一个重要的先决条件是焦虑，不断增长和加剧的焦虑使得神经症患者不能承受孤独，处在长期的孤独感中，他们开始对爱具有强烈的渴求与需要。在对爱具有病态的需要时，一个人会极度顺从，却又永不满足。病态的爱是在爱的关系中寻求安全感，不顾一切地以自己所认为正确的方式去爱对方。例如家长们为孩子操心一切事情，为孩子决定一切，并且常对孩子说"我这是为你好"，但是并不考虑孩子的真实想法和感受，只是固执地以自己的想法为出发点。同时，焦虑也是引起竞争和敌意的重要因素。内卷的现象正是源于大众的普遍焦虑，人人都有焦虑感和危机感，渴望超过别人取代了互惠共赢的良好愿望。这种情况下，效率和利益看似短期达成，社会空气却有可能因竞争激烈滋生诸多负面问题。神经症患者将一切与他具有竞争关系的人视为自己的敌人，并且认为他人对自己存在潜在的敌意，于是内心也对他人充满了敌意，这使得神经症病人感到恐惧和焦虑。在恐惧和焦虑的驱动下，竞争的倾向更加明显，敌意愈发强烈，如此形成了恶性循环，这是现代社会广泛存在的现象。近年来我国多次发生骇人听闻的校园恶性犯罪案件，例如云南大学马加爵杀人案、复旦大学投毒案等，这些案件作案者的最初动机大多数是由同学之间的敌意和歧视引起，不能不引起我们深刻反思。内卷正在悄然地腐蚀着人们的内心，即使是胜利者，也消耗极大，身心俱疲，甚至整个社会的生育率也因压力持续降低。社会生活各方面的反映，提示我们反思文化困境带来的精神困扰，已经成为一个迫切的社会问题。在内卷的环境下，攀比之风盛行，现实与理想之间往往存在着较大的差距，因此人的内心产生了更加剧烈的焦虑。例如近年来流行的微信育儿群，讨论抢占幼儿园、小学入学名额，年轻的父母也早早地感到了焦虑，微信群聊的语言和场景放大了未来事件的不确定性，引导个体在不自觉的比较之中形成焦虑，并且在这种氛围下推动焦虑的传播。[1]

神经症患者的另一种倾向是对权力和控制的渴望。对权力的追求与对爱的追求一样，都是一种抵抗恐惧和焦虑的形式。二者不同的是，追求爱是通过强化与他人的接触来得到安全感，追求权力是通过弱化与他人的接触来获得安全感。[2]很多人都具有追求权力的倾向，特别是在"官本位"思想浓厚的中国，自古以来便有着封侯称相的追求。建功立业或是施展才能，这是正常的对权力的追求，而神经症患者因对抗焦虑和无助形成的对权力和控制的偏执追求，则是一种病态需求。众多落马的高官即是如此，即使他们已经位高权重，但是仍不满足于已有的权力，并且极度畏惧失去权力，为了抵抗失去权力的焦虑，他们违背自己曾宣讲的道德规范，在非法攫取权力的贪欲中丧失了初心。

总之，霍尼认为，神经症病人的内心极度冲突，又极度敏感脆弱，普通的小事甚至会让他们感到卑微和屈辱，敌意会使他们产生凌驾于人之上的欲望，这种欲望往往以追求权力和控制来实现，以此对抗内心的自卑感和屈辱感。其实，对爱的病态需要和对权力的病态追求，都是由焦虑产生的病态倾向，是神经症的显著表现。

（二）神经症的特点：专横的必须

专横的必须，实际上是决不动摇的"内心的指使"，是神经症患者强迫性地对自我的要求，他们内心的要求过高，最为突出的体现是这类人格必须将自己改造为"理想化的自我"，他们无法客观看待实现"理想自我"的可能性，而是固执地强迫自己实现很多幻想中的、无法达成的要求。[3]在"内心指使"的催生下，他们对自我产生了各种强制的要求，例如我必须是聪明的，我必须拥有他人所羡慕的一切，我必须是征服者等。他们的

---

〔1〕 刘洋：《群体焦虑的传播动因：媒介可供性视角下基于微信育儿群的研究》，载《新闻界》2020 年第 10 期。

〔2〕 ［美］卡伦·霍尼：《我们时代的神经症人格》，冯川译，译林出版社 2011 年版，第 116 页。

〔3〕 ［美］卡伦·霍尼：《神经症与人的成长》，李明滨译，上海译文出版社 2016 年版，第 77 页。

内心住着一个独断专行的君主，对自我发号施令，并且强制执行。"理想自我"支配着病人的一切想法和行为，沉浸在"理想自我"中的他在想象中获得了所期待的荣耀，他们渴求自信和自尊，但是荣誉并非让他们得到安全感，霍尼认为他们不过得到的是一项"辉煌的礼物"——神经症的自负。[1]而在"现实自我"与"理想自我"渐行渐远的过程中，神经症病人的内心产生了自恨、自贬、自卑等情绪，甚至是自毁、自杀的倾向。这一切都是来自"内心的指使"，以及由强制性"内心指使"催生的"专横的必须"。

五、神经症障碍

神经症是一种心理紊乱，患有神经症的人，在人际交往、工作，以及生活中的其他方面都存在着一定的障碍，在著作《神经症与人的成长》中，霍尼解释了人际关系和工作上的神经症障碍。神经症病人必须依据"内心的指使"来生活，总是以自己为中心，坚守自己所持有的"专横的必须"，他们总是小心翼翼地自我保护，逐渐变得情感孤立。他们不仅追求"理想自我"，同时也把他人理想化，认为他们所有"专横的必须"都是合情合理的，他们总是认为他人都是不可靠的，不仅怀疑自己，并且对别人产生怀疑，[2]但是由于神经症病人对爱的病态需要，他们在怀疑、仇视他人的同时，仍然极其需要他人。前文提到神经症患者在探求荣誉时常常具有对报复性胜利的追求，想要战胜他人，或是达到将自己的快乐建立于别人的痛苦之上，对于降服、打败他人有着无法控制的冲动。[3]这些都可能使得神经症病人在人际关系中产生障碍，伤害到自己脆弱的内心，也伤害了每一个付出真心的他人。

神经症患者在工作中也极易产生障碍，一方面，他们在"内心的指

---

〔1〕 ［美］卡伦·霍尼：《神经症与人的成长》，李明滨译，上海译文出版社 2016 年版，第 108 页。

〔2〕 ［美］卡伦·霍尼：《神经症与人的成长》，李明滨译，上海译文出版社 2016 年版，第 407 页。

〔3〕 ［美］卡伦·霍尼：《神经症与人的成长》，李明滨译，上海译文出版社 2016 年版，第 20 页。

使"下追求完美、争强好胜，特别是有神经症病态的管理者，可能采用强制性的胁迫来约束下属，甚至苛责他人，用刻板的指标评判体系评定一切，因此失去了对人与人性的尊重，他们对工作的评判标准只有成功和失败，因极度自负而缺乏对他人的信任；另一方面，神经症患者具有自卑、自我贬低、顺从等倾向，为了避免遭到他人的否定，他们选择顺从的方式，并且自卑感导致他们缺乏表达看法的意愿，失去在工作中的创造力，工作效率低下。神经症患者一味追求"理想化的自我"，工作对于他们来说只是获取权力和名望的工具，他们只是通过工作获得荣誉，而对工作本身不感兴趣，不能深入到工作的核心去体会其中真正的意义。[1]神经症患者总是以竞争的态度来处理生活和工作中的事务，对成功无限向往，对失败强烈恐惧，成王败寇的观点已深入人心，对失败的恐惧越深，人越有可能产生敌对心态。神经症病人的竞争之所以有别于良性的竞争，是因为他在任何情况下都在进行比较，不仅渴望成功，而且要求自己成为独一无二的人。因此，在很多情况下，病态的竞争足以引起人与人之间的敌意。人际关系和工作上的神经症障碍，无论是对于患者个人，还是周围的其他人和其所在的组织，都会产生不利的影响，这也是神经症治疗中亟待解决的问题。

六、结语

《我们时代的神经症人格》有以下几点可供借鉴：①现代文化以个人竞争原则为基础，导致人与人之间弥漫性的敌意张力，并且渗透到生活的方方面面；②以成功与否为标准的评价体系为自尊搭建了摇摇欲坠的基础，我们因而对权力及财富产生了过度的贪欲；③文化中将爱作为掩饰，用来满足各种与爱全然无关的"专横的必须"。"我们的时代"充斥着"内卷"，鼓励成功的文化激发每个人快速奔跑，将财富、权力、地位和名望作为奔跑的唯一目标，并且因对这些资源的过度渴望而扩大着其稀缺重

---

〔1〕 ［美］卡伦·霍尼：《神经症与人的成长》，李明滨译，上海译文出版社 2016 年版，第436 页。

要的程度。我们随时处在竞争关系中，并且在竞争中感受到焦虑和来自人际关系之间的潜在敌意。"神经症病人共同的基本特征本质上是由存在于我们时代和我们文化中的种种困境造就的"。[1]神经症病人具有的基本特征，焦虑、自卑感、不足感、对爱的病态需要、对权力的病态追求等，其根源源于现代社会存在的文化困境。"因为在一个个人主义的文化中，社会对个人的期望是自立自强、自信自尊；在我们的文化中，屈服于泯灭自我的倾向，会招来被整个社会唾弃的危险。"[2]现代社会鼓励竞争，竞争已经渗透到各个领域以及各种人际关系中，学校、公司甚至是夫妻之间。为了名声、为了物质利益、为了生存，人们身不由己卷入到"内卷"的洪流中去。急功近利与渴望成功使我们永无休止地索取，失去了潜心工作精益求精的奉献精神；我们逐渐忘记了如何放慢节奏、失去了安静感受世界美好的能力，甚至爱也只是被当作缓解焦虑和敌意的工具。

《我们时代的神经症人格》尤其引发我们思考的是霍尼提出的"异化"问题。霍尼由文化困境导致"神经症人格"的分析，提出了人的"异化"——异化乃是指个人与他真正的自我相异。在这种状态中，不仅个人的价值标准，而且他的判断能力、创造能力乃至他的全部感觉都转嫁给一种虚假的自我形象，而真实的自我备受漠视、压抑甚至是仇恨，从而丧失了自己的本质追求和精神发展的内在动力。神经症不仅是各种病态倾向的冲突，而是一种在异化中人格达到贬损顶点的过程，并且这种病态在"我们时代"已经成为一种普遍现象。甚至可以说在神经症病人和正常人之间很难划出一条明确的界限，由于社会文化的影响，神经症实际上已成为一种普遍的生活方式，成为"我们时代的神经症人格"。在另外两位思想家也论"异化"的不同观点里，我们似乎可以继续追索，找到问题的深层答案。在马克思的经典著作里，当提到了人的异化问题时，他认为人的本质就是自由自觉的劳动，这是人区别其他生物的类属性。人的本质是一切社会关系的总和，社会合作促进了生产力的发展，但是在私有制条件下，人

---

〔1〕 [美] 卡伦·霍尼：《我们时代的神经症人格》，冯川译，译林出版社 2011 年版，第 17 页。

〔2〕 [美] 卡伦·霍尼：《我们时代的神经症人格》，冯川译，译林出版社 2011 年版，第 206 页。

的自由劳动由于被强制而产生了压抑性与剥夺性，对于物质的崇拜使人成为金钱与物的奴隶，因而导致了人的异化，异化便是人的本质的丧失。马尔库塞则试图把弗洛伊德的精神分析学与马克思的人类解放论相结合，认为人的异化是因为作为生命本能——爱欲的被压抑，爱欲作为生命本能，蕴含着人的基本欲望以及休息、消遣等一种全面、持久的快乐。他认为只有把劳动与爱欲结合起来分析，才能真正理解马克思关于人的解放就是劳动的解放，因为劳动的解放就是爱欲的解放，这种情况下，人在劳动中才会拥有创造性与快乐。[1]马克思、马尔库塞等思想家的灼见与霍尼的观点相互映照，不得不使我们进一步思考如何避免人之异化，如何在促进社会发展的同时关注人之本体的问题。

---

　　[1]　"弗洛伊德认为，人的历史就是人被压抑的历史。文化不仅压制了人的社会生存，还压制了人的生物生存；不仅压制了人的一般方面，还压制了人的本能结构。但这样的压制恰恰是进步的前提。"马尔库塞在分析弗洛伊德"超我"与"现实原则"的基础上引入了两个术语"额外压抑"与"操作原则"，批判了现代资本主义社会不仅压抑了作为生命本质的爱欲，而且把不属于人的本质的东西强加于人，将人之需要纳入整个资本主义秩序，进一步导致人之全面异化。引自[美]马尔库塞：《爱欲与文明》，黄勇、薛民译，上海译文出版社1987年版，第3页。

中国政法大学国际模拟法庭实践教学研究[*]

李建坤^{**}

一、问题的提出

党的十八大以来，习近平总书记多次围绕涉外法治人才培养发表重要讲话。随着我国对外开放程度的加深和综合国力的提升，我国在全球治理体系中发挥的作用日益增强，但我国作为现行国际规则适应者、接受者的角色还没有根本改变，这与当前我国法学教育无法满足涉外法治人才的培养使命有关。[1]对此，党的十八届四中全会通过的《中共中央关于全面推进依法治国若干重大问题的决定》提出，要建设通晓国际法律规则、善于处理涉外法律事务的涉外法治人才队伍。[2]因此，从我国高校教育出发，培养具有国际实践能力、满足涉外法律服务需求的法治人才，是当前以及未来相当长时间内最为重要和紧迫的工作之一。

---

　　* 本文为中国政法大学国际法学院刘力教授主持的 2021 年中国政法大学研究生课程思政示范课程"国私专题研讨"阶段性成果。

　　** 李建坤，中国政法大学国际法学院讲师。

〔1〕 马怀德、王志永：《完善中国特色社会主义法学学科体系的实践路径》，载《比较法研究》2021 年第 3 期。

〔2〕 《中共中央关于全面推进依法治国若干重大问题的决定》，载 http://www.gov.cn/xinwen/2014-10/28/content_2771714.htm，最后访问日期：2021 年 12 月 21 日。

当前涉外法治人才的供给与国家的需要之间存在较大差距,无论是培养数量还是质量上都远不能满足国家的需要。该问题的产生原因是多方面的,既受限于我国经济社会发展的新阶段、改革开放以来教育资源的投入、高校对法治人才培养的定位等宏观原因;也在于高校培养方式方法、招生计划与学制设计、法学学生在涉外法治领域的实践机会不足、国际化训练偏少等微观原因。

基于该问题现状与原因,中国政法大学已采取多项改革措施,探索涉外法治人才的培养路径,其中效果最为突出的是国际模拟法庭实践教学。[1]本文从现状问题入手,对中国政法大学国际模拟法庭实践教学展开研究。首先论述国际模拟法庭实践教学对培养涉外法治人才独特且不可替代的作用,其次分析其解决的教学实际问题与培养涉外法治人才的实际效果,再次进一步研究国际模拟法庭实践教学在我国高校教育中的推广应用,最后对涉外法治人才培养的进一步改革提出若干建议。

二、国际模拟法庭实践教学对涉外法治人才培养的独特作用

21世纪初,针对当时我国涉外法治人才培养普遍存在的"实践能力弱"的问题,中国政法大学提出了"理论与实践相结合,实践教学与理论教学并重"的方针,以"同步实践教学"的模式走出了一条法治人才培养实践教学改革之路。[2]2017年5月3日,习近平总书记考察中国政法大学时强调,法学学科是实践性很强的学科,法学教育要处理好知识教学和实践教学的关系。[3]总书记的指示不仅肯定了学校的改革成果,更为学校在新时代如何进一步做好法治人才培养实践教学改革指明了方向。

---

〔1〕 本文中的国际模拟法庭既包括以法庭审判为模型的竞赛,也包括以仲裁、调解及其他多元争端解决机制为模型的竞赛。为便于行文,统称为国际模拟法庭。

〔2〕 "同步实践教学模式"简介,载中国政法大学官网:http://jwc.cupl.edu.cn/info/1090/1540.htm,最后访问日期:2021年12月21日。

〔3〕 《为全面依法治国培养更多优秀人才——习近平总书记在中国政法大学考察时的重要讲话引起热烈反响》,载《人民日报》2017年5月5日,第2版;《立德树人 德法兼修——习近平总书记考察中国政法大学重要讲话在高校引起热烈反响》,载《光明日报》2017年5月4日,第3版;《习近平在中国政法大学考察》,新华社2017年5月3日电。

法律的生命在于实践，法治人才素质的核心就是实践能力。国际模拟法庭是融法学课本知识于法庭真实论战的最佳法学实践教学方式之一，是世界各国培养高端涉外法治人才的通用模式之一，也是发展中国家缩短与发达国家之间法学教育质量差距的有效捷径之一。

（一）主流国际模拟法庭与中国政法大学的参与和贡献

国际模拟法庭的创办宗旨是在全球范围内推动各法系间的交流与学习，培养学生综合运用法律知识的能力及法律实践能力，不同类型的国际模拟法庭具有不同的特点。例如，始于 1959 年的杰赛普国际法模拟法庭竞赛（Philip C. Jessup International Law Moot Court Competition）是世界上历史最悠久、规模最大的国际模拟法庭竞赛。[1]杰赛普国际法模拟法庭竞赛以国际法院（International Court of Justice）的审判为原型，结合竞赛当年或近年国际公法领域最受关注的法律问题模拟相应的案件，以现行的国际法规则及案件当事国有关法律规则为基础，竞赛形式包括法庭的英文口头辩论和法律文书撰写。

始于 1993 年的维斯国际商事仲裁模拟竞赛（Willem C. Vis International Commercial Arbitration Moot）由联合国国际贸易法委员会（United Nations Commission on International Trade Law）与相关高校和仲裁机构主办，[2]是国际商事仲裁领域最负盛名的全球性比赛之一，培养了大批优秀的国际商事仲裁学者和法律服务者。为了更好地为中国高校学生提供锻炼的机会，2000 年，中国国际经济贸易仲裁委员会设立了维斯国际商事仲裁模拟仲裁庭竞赛国内赛，简称"贸仲杯"。

在国际投资法领域，法兰克福投资仲裁模拟竞赛（Frankfurt Investment Arbitration Moot Court）是历史最悠久、最负盛名的学生竞赛之一，[3]独特之处在于它将投资法尤其是投资保护法与国际法和国际贸易法相结合，这

〔1〕 杰赛普国际法模拟法庭竞赛网站：https://www.ilsa.org/about-jessup/，最后访问日期：2021 年 1 月 10 日。

〔2〕 维斯国际商事仲裁模拟竞赛网站：https://www.vismoot.org，最后访问日期：2021 年 1 月 10 日。

〔3〕 法兰克福投资仲裁模拟竞赛网站：https://www.investmentmoot.org，最后访问日期：2021 年 1 月 11 日。

也是国际法中最现代和发展最快的领域之一。同时，外国直接投资国际仲裁模拟竞赛（Foreign Direct Investment International Arbitration Moot）[1]也是该领域重要的国际赛事之一。

当前，涉中国投资仲裁案件呈现持续增加的趋势，为在全国范围内给法学学子提供了解国际投资仲裁争端解决机制、实战演练国际投资争端解决的重要平台，由中国国际经济贸易仲裁委员会主办、清华大学承办的、面向全国法学院校（包括港澳台地区）的"国际投资仲裁模拟竞赛邀请赛"也成为上述"法兰克福投资仲裁模拟竞赛"的中国区预选赛，以期为今后我国培养国际投资仲裁领域更多的法律人才。同时，由深圳国际仲裁院主办的"国际模拟投资仲裁深圳杯"（FDI Moot Shenzhen），也成为上述"外国直接投资国际仲裁模拟竞赛"的中国区资格赛事，对于进一步提高参赛学生的法律知识掌握、理解和运用的理论与实践水平具有重要作用。

克里斯多夫·吉布森（Christopher S. Gibson）教授曾指出，对于国际模拟法庭竞赛而言，尽管这是对一个真实世界的不完美地模拟，但是学生通常都认为，参与国际模拟法庭竞赛，是他们在法学院学习的一个最为闪耀的事情，参赛使他们能够得以自信地成长，而且可以学到很多为他们未来的法律职业生涯奠定基础的重要经验。[2]

在国际空间法领域，始于1992年拉赫斯国际空间法模拟法庭竞赛（Manfred Lachs Space Law Moot Court Competition）由国际空间法学会主办，每年举行一次。该竞赛由亚太、北美、拉美、非洲及欧洲五大赛区组成，每年有超过60支代表队参加这一国际赛，每个地区的冠军队将代表本地区参加世界总决赛。[3]在国际航空法领域，始于2010年的国际航空法模拟法庭竞赛（International Air Law Moot Court Competition）由国际民航组织（International Civil Aviation Organization）建议设立，荷兰莱顿大学和印度

---

〔1〕 外国直接投资国际仲裁模拟竞赛网站：https://fdimoot.org，最后访问日期：2021年1月11日。

〔2〕 See Christopher S. Gibson, "The Foreign Direct Investment International Moot Competition", *Suffolk Transnational Law Review*, 2009 (2), p. 247.

〔3〕 拉赫斯国际空间法模拟法庭竞赛网站：https://iislweb.org/lachs_moot/，最后访问日期：2021年1月11日。

Sarin 法律基金会主办，是国际意义上唯一的航空法模拟法庭竞赛。[1]

近二十年来，中国政法大学在积极参与这些久负盛名的国际模拟法庭竞赛之外，还与国际刑事法院合作在国内发起并每年主办国际刑事法院模拟法庭竞赛（中国赛区）；与商务部、西南政法大学联合发起并轮流主办 WTO 模拟法庭竞赛，这也是我国国内首次将 WTO 争端解决机制引入高校的比赛；与国际红十字会东亚办事处（驻京）合作发起并多次主办国际人道法模拟法庭竞赛（中国赛区）；与巴巴多斯西印度大学联合举行国际法模拟法庭竞赛；有效扩大了中国政法大学国际模拟法庭教学与国际法学科的影响力。

始于 2007 年的国际刑事法院模拟法庭竞赛（International Criminal Court Moot Court Competition）是由国际刑事法院推动的，在世界范围内举行的，以联合国六种官方语言举行的国际刑事法院模拟竞赛之一。[2]这也是国际刑法领域最著名的世界性国际模拟法庭竞赛，决赛地点设在国际刑事法院，中国政法大学于 2014 年始每年承办该比赛的国内选拔赛。

2017 年，第一个由中国主办、全球参与、关注国际海洋法问题的国际海洋法模拟法庭竞赛拉开帷幕。该赛事的参赛队伍来自国内外知名大学，在全球范围内具有重要意义和独特价值。2018 年，中国政法大学与中国海洋法学会共同举办首届国际赛。[3]本竞赛模拟国际海洋法法庭的案件审理程序，以英文为竞赛语言，邀请国际海洋法法庭现任法官、国家相关部委高级官员及国内外知名专家学者等担任评审。

（二）独特作用

享有盛名的国际模拟法庭竞赛各有特色，其共通之处是为培养国际化复合型法治人才提供了便捷有效的途径，对于建设通晓国际法律规则、善于处理涉外法律事务的涉外法治人才队伍具有显著的优势，具体可以归纳

---

[1]　国际航空法模拟法庭竞赛网站：http://sarins.org/moot-court/，最后访问日期：2021 年 1 月 11 日。

[2]　国际刑事法院模拟法庭竞赛网站：http://iccmoot.com/，最后访问日期：2021 年 1 月 12 日。

[3]　《全球首届中国国际海洋法模拟法庭竞赛在京举行》，载 http://gjfxy.cupl.edu.cn/info/1015/5151.htm，最后访问日期：2021 年 1 月 12 日。

为以下五点：

第一，强化法学学生的法律英语运用能力，解决法学学生重法学、轻外语的问题。主流的国际模拟法庭竞赛几乎都以英文为竞赛语言，在国际法律实践之中也以英文为主要工作语言。我国传统法学教育中除国际法相关学科外，较为忽视对法律英语的学习，而学生的实际运用能力则更为不足。然而，没有坚实的外语基础，显然无法成为一名高端的涉外法治人才。实际上，我国高端涉外法治人才缺失的原因之一就是法律工作者外语水平普遍偏低。国际模拟法庭竞赛以外语为竞赛语言，有效督促学生提高其外语水平。

第二，提高法学学生的法律实践能力，解决法学学生重课本、轻实践的问题。法学的传统教学方法以课本知识的输出和学生的"硬性输入"为特点，即便是关注实际案例和理论研讨的教学，也以课堂教学为主。国际模拟法庭实践教学综合锻炼学生的思维能力、语言组织能力、逻辑分析能力以及法律文书写作能力，有助于解决学生长期存在的重课本、轻实践的问题。

第三，开阔法学学生的国际视野，解决法学学生重国内、轻国际的问题。法学传统上是民族的，法学的知识谱系核心关注国内法律。长期以来，形成了法学学生只关注我国法律，不关注国际和涉外法律的现象。这不利于复杂年代中我国主权、安全与发展利益的维护。国际模拟法庭教学模式有助于扩大法学学生的国际视野，加深对国内法律的理解，培养统筹国内和涉外法治的能力。

第四，促进法学学生多学科交叉知识结构的生成，解决学生知识体系单一的问题。国际模拟法庭的案件往往不只是法律问题，也包含政治学、历史学、人类学、民族学、医学、社会学、心理学、伦理学、宗教学以及自然科学在内的诸多理论和知识。[1]因此，以参与国际模拟法庭竞赛为导向，展开多学科知识的培训，可以有效改善法科学生的知识结构，为国际

---

〔1〕　钱锦宇、薛莹：《国际化复合型法律人才的培养：现状分析、路径选择及保障机制》，载《山东大学学报（哲学社会科学版）》2017 年第 5 期。

化复合型涉外法治人才的培养奠定基础。

第五，培养法学学生的思政意识，解决法学学生重专业、轻思政的问题。法学作为一门技术性很强的社会科学，法学学生较易忽视对法学以外的其他社会科学知识，尤其是思想政治知识的学习。青年学生普遍对百年未有之大变局抱有基本的感性认识、并具有朴素的爱国情怀与报国热忱。对此，参与国际模拟法庭竞赛，尤其是以当事国为诉讼主体，以律师的视角看待国际和涉外法律问题时，有利于培养学生维护当事国权利的思维，有利于培养学生的思政意识，培养其通过自身参与国际法治实践投身于实现中华民族伟大复兴与构建人类命运共同体的宏伟志愿。

三、中国政法大学国际模拟法庭实践教学的应用与创新

近二十年来，中国政法大学的国际模拟法庭实践教学在战略层面，以"砺学笃用"为理念指引，从无到有、从有到强，逐步探索出了一套理论与实践相结合、国内与国际相协调、法律与外语相发展、思政与专业相融通的"四维一体"的高端涉外法治人才的培养体系。在战术层面，采取"一个竞赛带动一门课堂""一个课堂带动一个教师""一个教师带动一个队伍"的模式，在专业教师和学生人数比较优势的基础上，源源不断为国家和社会输送急需的高端涉外法治人才。

（一）完善的国际法模拟法庭课程体系

中国政法大学国际法学院以学校决定参加的国内外国际模拟法庭竞赛为指引，对每一个参加的竞赛开设专业教师的指导课程，采取了"一个竞赛带动一门课堂"的方法。目前，中国政法大学国际法学院共开设国际模拟法庭课程10门（详见下表1），每一门课程均由至少一位专业指导老师讲授。

表1　中国政法大学国际模拟法庭课程（截至 2021 年 12 月）

序号	课程信息（中英双语）
1	国际模拟法庭基础 Introduction to International Mooting

序号	课程信息（中英双语）
2	国际模拟法庭比赛——杰塞普模拟法庭比赛 JESSUP Moot Court
3	国际模拟法庭比赛——ICC 审判竞赛 ICC Trial Competition
4	国际模拟法庭比赛——贸仲杯 CIETAC International Commercial Arbitration Moot
5	国际模拟法庭比赛——人道法模拟法庭比赛 International Humanitarian Law Moot Court Competition
6	国际模拟法庭比赛——国际替代争端解决方式模拟比赛 International ADR Mooting Competition
7	国际模拟法庭比赛——航空法模拟法庭比赛 International Air Law Moot Court Competition
8	国际模拟法庭比赛——知识产权模拟法庭比赛 BFSU Intellectual Property Moot Court Competition
9	国际模拟法庭比赛——空间法模拟法庭比赛 Space Law Moot Court Competition
10	国际模拟法庭比赛——WTO 法模拟法庭比赛 WTO Moot Court Competition

中国政法大学的国际模拟法庭系列课程通过精心、独到的案例设计，帮助学生寻找、理解相关国际规则，并将规则运用到模拟案件的解决，理论与实际兼顾，实体规则与程序规则并重。同时，由于国际模拟法庭赛事均以英语为比赛语言，学生们都必须阅读英文材料、以英语撰写书状、用英语进行口头辩论，因此极大地提升了学生们用英文理解与运用国际法律规则的能力。

同时，学校先后投入 600 多万元，建设了 3 个信息化模拟法庭和 1 个国际模拟仲裁庭，保证所有法学学生在校期间参加模拟法庭课程教学。这些课程通过精心、独到的案例设计，让学生自主寻找、理解相关国际规则，并将规则运用到模拟案件的解决，理论与实际兼顾，实体规则与程序规则并重。同时，由于国际模拟法庭竞赛均以英语为竞赛语言，学生们必须阅读英文材料、以英语撰写书状、用英语进行口头辩论，因此极大提升了学生们用英文理解与运用国际法律规则的能力。

（二）健全的管理与促进制度

为了保障专业教师和学生参加各类国际模拟法庭竞赛，学校和学院在制度保障上不断发力，已制定了6项管理和促进规范，形成了较为完善的国际模拟法庭竞赛规范闭环体系。具体包括：《中国政法大学本科生学科竞赛项目列表》《中国政法大学本科生学科竞赛资助与奖励办法》《中国政法大学模拟法庭及道具使用管理规定》《校内实践教学教室管理办法》《中国政法大学推荐优秀应届本科毕业生免试攻读硕士学位研究生办法》《国际法学院学科竞赛管理与奖励办法》等。

相关制度不仅要求学生具有较高的专业知识水平，更对学生思想政治素养进行严格把关，使得学生不仅在代表学校参加国际竞赛时能够具备较高的国家和集体荣誉感，更是在今后的对外交往和工作中始终坚守"中国芯"。

同时，此类办法通过学校统筹规划、学院具体实施，按照学生参加学科竞赛类别进行实践成果认定，从而落实不同的推免生保研加分政策，进一步激励学生参与高水平国际模拟法庭竞赛。健全的管理与促进制度也进一步保障了国际模拟法庭实践教学模式以最有效、最合理的方式培养优秀的涉外法治人才。

（三）合理的人才选拔机制

为更好地服务于学校人才培养工作，中国政法大学国际法学院承担了主要的国际模拟法庭实践教学任务，通过开设覆盖面广泛的国际法类模拟法庭课程，既能够关照学生受惠面的广泛性，又能使教师发现拔尖人才，从而使学校在各类国际法模拟法庭竞赛中取得优异成绩的同时保证人才培养具有普惠度。

通常选拔方式是在比赛前半年或一年，以模拟法庭类课程或相关比赛的主办方邀请函为依据，在校内公开招募选拔具有一定法学基础、英语能力突出，并有团队协作能力的优秀学生加入竞赛队伍中。学生通过提交简历和成绩单，经过赛事指导老师口语面试和书状表达能力测试，经过层层筛选后，初步组成参赛队伍。在之后的比赛训练过程中，指导老师将会按照学生各自的水平和能力进行分工，最终确定正式参赛队员和上场队员。

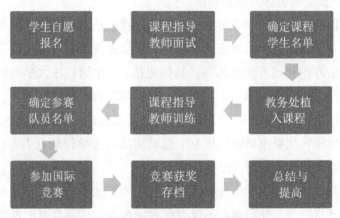

图1 中国政法大学国际模拟法庭选拔方式

（四）创新型的高等教育理念与制度

我国法学高等教育传统理念重国内法、轻国际法。然而，当下世界正处于百年未有之大变局，多边贸易体制困境和"一带一路"建设所伴随的新型风险等国际社会变化均与我国息息相关，必须随时关注国际法与国际社会的迫切需求。中国政法大学的涉外法治人才高等教育理念在保持对传统教育的重视之上，结合国际法治发展的最新动态不断革新，紧跟时代发展的步伐，强调我国发展的脉络与未来，将高等教育落实到祖国建设之中，扎根于人类命运共同体的崇高理想之中。

国际模拟法庭竞赛实践教学模式具有周期长、成本高、范围小的特点，这就需要学校提供资金、教室、设备等多方面的保障。经过多年摸索，中国政法大学已经构建了较为完善的综合教学保障制度，并且更加合理、全面与科学地进行了制度创新。

同时，国际模拟法庭竞赛发起方主要为国际机构或国外的高校，这就造成中国高校在竞赛议题和规则设置方面的被动性。为了增强我国参与国际法的话语权，中国政法大学除了参加相关竞赛外，还主动发起、组织和承办国际模拟法庭竞赛，逐渐成为若干国际模拟法庭竞赛的引领者，成为相关制度的建设者与开拓者。

四、中国政法大学国际模拟法庭实践教学的成果、推广与完善

十多年来，伴随着我国法学教育国际化程度的提高，国际模拟法庭实践教学已经成为中国政法大学法学教育的特色之一。中国政法大学是全国最早参与各类国际模拟法庭竞赛的院校之一，在国内外的赛场上取得了骄人的成绩。通过积极组织、承办、参加各类国际法模拟法庭比赛，扩大了国际法在我国高校中的影响力，并且通过比赛的宣传和报道，在全社会推广和传播了我国国际法学科发展、法学教育建设和涉外法治人才培养。

（一）中国政法大学国际模拟法庭实践教学的师生成果

国际法学院师生们是中国政法大学代表队参加各类国际法模拟法庭竞赛的主要依托，国际法学院的指导教师在国际法模拟法庭竞赛指导经验的基础上申请的多项教学成果获得学校和社会的高度认可，多次获得国家级、北京市和校级高等教育教学成果奖。

据不完全统计，中国政法大学学科竞赛教学模式共培养 300 多名优秀学生，他们中的大多数同学获得了前往哈佛大学、耶鲁大学、哥伦比亚大学、剑桥大学、牛津大学等世界一流大学或国内一流大学深造的机会，有将近 50 名同学获得了在包括联合国在内的国际组织实习或工作的机会，更有一半以上的学生在纽约、北京、上海等地区的知名外资律师事务所和国内顶级律师事务所工作，还有不少学生选择在党政机关、央企和科研院所工作。

习近平总书记在考察中国政法大学时，高度赞赏我校学生的青春风采，充分肯定我校在人才培养方面取得的成就，明确指出法治人才培养对于全面推进依法治国的重要意义。

表 2　中国政法大学国际模拟法庭部分参赛学生去向

序号	姓名	去向与参赛
1	杨承甫	外交部条法司，曾参加国际刑事法院审判竞赛
2	胡昌金	中央外事工作委员会，曾参加"杰塞普"国际法模拟法庭竞赛
3	王奇帆	联合国难民署印尼雅加达代表处，曾参加国际人道法模拟法庭竞赛，并在国际刑事法院实习
4	付玮炜	联合国黎巴嫩特别法庭检察官处，曾参加国际人道法模拟法庭竞赛，并在国际刑事法院实习
5	张婉露	联合国纽约总部，曾参加国际航空法模拟法庭竞赛
6	胡宇鹏	法国艾莎兰律师事务所海外投资部非洲区经理，曾参加国际人道法模拟法庭竞赛
7	腾晓燕	君合律师事务所合伙人，曾参加"杰塞普"国际法模拟法庭竞赛
8	李思佳	方达律师事务所高级律师，曾参加国际人道法模拟法庭竞赛
9	朱颖	中国人民大学法学院助理教授，曾参加国际刑事法院审判竞赛，耶鲁大学法学院法学博士

（二）中国政法大学国际模拟法庭实践教学模式的推广应用

中国政法大学通过国际模拟法庭实践教学模式培养高端涉外法治人才的成功经验吸引了许多兄弟高校的兴趣，不断有兄弟院校的师生前来询问和讨论经验，包括北京大学、吉林大学、中南财经政法大学、西南政法大学等。学科竞赛的指导教师也应邀前往兄弟院校举行讲座交流经验，推广应用我校的国际模拟法庭实践教学模式极大促进了国内各高等教育机构对涉外法治人才培养方式的革新。

首先，各高校可以参考借鉴中国政法大学国际模拟法庭"一个竞赛带动一门课堂""一个课堂带动一个教师""一个教师带动一个队伍"的模式，通过国际模拟法庭系列课程建设反哺课堂教学，以法律实践为培养法治人才的重要抓手，源源不断为国家和社会输送急需的高端涉外法治人才。

其次，中国政法大学不仅参与各项国际模拟法庭，更积极组织、承办相关赛事。各高校可以在各自学科的比较优势基础上，按照校内—国内—国际"三步走"的战略推动更加多元化的国际竞赛，制定科学的管理与促进制度，健全的人才选拔机制。一方面有助于培养学生的法律实践能力，另一方面也有助于提高各高校在国际社会的影响力。

最后，中国政法大学的实践教学模式对于我国法学高等教育理念的发展也有一定启示。有国内学者曾指出："中国法学教育的落脚点在于介绍法律制度，逻辑起点是理论，终点也还是纯粹的理论。"[1]法学教育的实践化与国际化是无法回避的课题，中国政法大学作为我国国际法教学的重镇，为国家以及国际社会输送了许多德才兼备的优秀法治人才。中国政法大学在涉外法治人才培养过程中"砺学笃用、四维一体"的理念与体系值得各高校与有关部门参考与应用。

(三) 不足与完善

尽管中国政法大学国际模拟法庭实践教学模式取得了一定的成绩，但仍存在以下几点不足：

第一，涉外法治人才培养是一个长期的过程，需要更加长远的规划，保障涉外法治人才培养的可持续发展。第二，目前精通国际法或涉外法律中所需内容并能参加实战的法律人才仍然少见，绝大多数法律从业者没有达到独立处理涉外法律事务本身的要求。涉外法治人才从事的工作具有高度实践性，很多知识只有实践中才能学到，而经验更是要在实务中积累。就目前而言，涉外法治人才培养中实习和实训比例太小，普遍缺乏实战训练。第三，涉外法治人才的跨文化交流不足，涉外法治人才需要与国际社会打交道，需要熟悉外国文化和思维。而目前限于资金支持、全球疫情影响以及地缘政治等因素，跨文化训练的环境相对不足。第四，涉外法治人才的高校教育与继续教育脱节，国际关系瞬息万变，涉外法治也需要不断

---

〔1〕 朱文奇：《模拟法庭：中国学子迈向国际的阶梯》，载《法制日报》2010 年 12 月 14 日，第 9 版。

更新。从长远发展的角度来看，涉外法治人才队伍建设还涉及继续教育的问题，但是目前缺少衔接。

针对上述问题，结合党的十八大以来国家统筹国内法治和涉外法治重大战略，在继续坚持国际模拟法庭实践教学模式的同时，从高校教育的视角提出加大与改革涉外法治人才培养的三点建议：

第一，教学内容与方式层面，加大国际模拟法庭等相关实践教学模式的理论与方法研究、科学设置课程、增加资金投入以及师资队伍优化整合等。注重知识内容与实践的衔接，既要保障理论深度与广度的可持续发展，又要与时俱进不断更新。同时对从事涉外法治人才培养的教师进行有计划的培训，提高教师自身水平和能力，不断创新教学方式。坚持协同育人，以习近平法治思想为指导处理好法学知识教学和实践教学的关系。

第二，教学培养机制层面，一方面，需要打破高校和社会之间的机制壁垒，将实际工作部门的优质实践教学资源引进学校，发挥实际工作部门法治人才培养第二阵地的作用，加大校部、校地、校企、校所合作力度。〔1〕另一方面，尽快建立健全"法学＋"与"国内＋海外"的双专业、双法域的培养机制，加大法学专业与其他专业的交叉融合培养力度，进一步拓宽与世界上高水平大学合作交流渠道，构建涉外法治人才培养新格局。

第三，教育理念层面，完善传统高等法学教育的目标定位，坚持德法兼修，以德为先。涉外法治人才的主要工作是在国际场合维护国家利益。因此，从工作性质上看，涉外法治人才培养要进一步树立"四个意识"，坚定"四个自信"，贯彻习近平总书记在考察中国政法大学的讲话中所指出的"德法兼修，德才兼备"，同时以更深层次的改革和更高水平的开放，不断创新教育理念。

五、结语

中共中央印发了《法治中国建设规划（2020—2025年）》，提出了全

────────────────

〔1〕 黄进：《完善法学学科体系，创新涉外法治人才培养机制》，载《国际法研究》2020年第3期。

面依法治国的一系列新理念新思想，描绘了推进法治中国建设的时间表路线图，开启了全面依法治国的新时代新征程。推进全面依法治国，必须有一支德才兼备的高素质法治工作队伍，法学教育是建设高素质法治工作队伍的基础工作。[1]

能否在著名的国际模拟法庭比赛中取得优异成绩，已经成为衡量当今世界各国高等法律院系教育质量优劣和综合竞争力高下的一项重要指标。[2]同时，国际模拟法庭参赛队伍的建设，也成为培养国际化、复合型涉外法治人才的有效途径之一。

著名的霍姆斯（Holmes）大法官曾言，法律的生命在于经验。对于法学教育，更具体地说是对于高校法学学子，其获取实践经验尤其是与国际法、涉外法治相关的经验，最有效的方式则是来自国际模拟法庭。在我国致力于构建人类命运共同体的宏伟蓝图下，国际模拟法庭实践教学有助于培养一批具有国际视野、通晓国际规则、参与国际法律事务、善于维护国家利益、勇于推动全球治理规则变革的高层次涉外法治人才，服务人类命运共同体建设和国际法治实践。

---

〔1〕 马怀德：《法学教育法治人才培养的根本遵循》，载《中国党政干部论坛》2020 年第 12 期。

〔2〕 钱锦宇：《国际模拟法庭竞赛参赛队伍建设研究》，载《法学教育研究》（第 8 卷）2013 年第 1 期。

教育管理

Jiao Yu Guan Li

浅谈高校教学秘书在教学管理中的职责及发展路径

李敬研 *

高校教学质量服务水平的提升是高校的工作重点，教学管理是高校完成教学任务的重要助推，有秩序和规范性的教学管理，可以助力高校人才培养并推动日常工作顺利进行。教学秘书作为高校教学管理中的重要一员，在教学活动顺利开展、联系各院协作教学、维护高校教学秩序等方面起着重要的作用。教学秘书是集管理、服务、协调为一身的基层教学管理者，顺应职业发展可以有效地促进高校教学一线工作的顺利运转，减少教学事故发生，也能够为教师和学生传递相应的知识及信息。在现代化的高校教育质量不断提升的过程中，教学秘书工作也被人们所认识，因此对教学秘书也提出了更高的要求，从他们对本职工作的认识、队伍建设、整体综合素质、科研和创新能力等方面提出了新的要求，推进高校教学秘书在教学管理中的职责完善，为职业路径的发展建设和教学管理质量的提升，起到积极的促进作用。

一、高校教学秘书在教学管理中的职责分析

在高校的教育教学工作中，教学管理是教育过程中必不可少的一个重要内容，教学秘书作为学校整个教学管理工作中重要的

* 李敬研，中国政法大学外国语学院教学科研办公室科员。

协助人员，其工作任务是繁杂的。从教务工作、考务工作和日常管理工作出发，管理协调学院的领导、教师、学生，积极地维护好高校的教学工作和教学任务，保证教学环节的顺利开展和教学秩序的顺利进行[1]。

（一）在组织和安排教学工作中，教学秘书是协调者

高校教学事务中教学任务重，并且事务多且繁忙，高校教学秘书需要将学校和教务处下发的各种通知和政策及时传达到院系的各位领导、普通教师以及学生们，让他们能够及时地配合学校的工作并及时完成任务，有效地将各个部门的关系协调好，将教学工作中出现的教学事故及时地处理上报，并且在工作中做到守规矩，记忆清晰且十分准确，在组织和安排教学工作中能够平等不越权[2]。当学校里面的教师在教学工作中遇到问题时，教学秘书可以协助教师及时地解决学生在上课或者在其他事务上遇到的问题，能够有效地将各院系和部门，特别是对本院的师生关系进行有效的沟通，下发的通知及布置的工作也能够取得他人的理解和支持，为院系部门学生以及领导之间建立一个和谐融洽的工作和学习氛围。例如，现在很多学校要求培养学生的综合实践能力，这就要求教学秘书要制定好相应的措施，管理规章制度，能够有效地保证学生综合实力的提升，并且在课程安排中协调好教师对学生的课堂安排情况，在保证教师个人教学能力的同时提高学生的课堂学习效率，有效促进学生综合能力的提升，这样就有助于教学工作的顺利开展。

（二）在教学档案的管理中，教学秘书是建设者

教学秘书的工作是大量的、繁琐的、杂乱的，需要从不同的角度和不同的环节出发考虑，各种教学文件和教学文本收发是每天的工作内容，特别是大学里需要考验学生的学习成果，教学秘书要协助教师完成教学考核的试卷准备和存档，并且大批的毕业生完成答辩后的毕业论文都是教学档案中的重要组成。现在很多高等院校要求学生毕业时需完成一些资格考

〔1〕 唐元林：《浅析高校教学秘书队伍标准化建设与能力提升》，载《中国标准化》2022年第2期。

〔2〕 唐魏：《赋能与重塑：新时代高校教学秘书的转型发展》，载《教育教学论坛》2021年第39期。

试,例如:大学英语四六级证书、教师资格证或者计算机二级证书等,教学秘书都要做好相应的证书存档备份工作,将它们收录在学生的个人教学档案里面。教师不仅要教书育人同时也要进行教学中的科研项目研究,教学秘书要及时地收集教师的科研资料及发表成果,同时还要收集一些教学资料并将其中的重要教学信息总结提取出来,形成一个专门的教育教学文档,为领导制定学校教育制度时提供有效的参考。教学秘书在搜集教学档案的过程中,必须及时、准确、高效,收集的这些教学档案可以对教育教学工作具有指导和借鉴作用,还具有一定的教学参考价值。

(三) 教学秘书是日常管理工作中的服务者

在学校的日常管理工作中,教学秘书是一个为师生服务、为领导服务的基层工作者。例如在高校的教学工作中,教学秘书要负责整个学院有关教学的所有工作,就比如教学过程中的课程安排、教师需要的教材预定、学生的毕业论文是否合格、能否具备相应的毕业学位审核、学生的个人档案、学籍管理、教师的考勤记录以及一些相应的教学检查等,都需要教学秘书参与。同时现在高校正在不断的发展,人才储备需求不断地壮大,在教师培训上面教学秘书也需要花费心思,服务于教学中,对于教学过程中出现的教学环节、教学任务以及一些教学活动细节,都需要教学秘书详细告知,还有在每年的新生开学后,如学生到校之后对专业不喜欢需要转换专业,就会出现一些学生的课程需要补选或学分替换,这个就需要教学秘书发挥其职能,及时地为学生补选课程及进行学分替换,为学生提供相关服务[1]。在为高校领导服务工作中,教学秘书是领导的参谋和助手。学校在教学发展中所确定的各项教学原则和教学措施,都需要教学秘书进行全程的参与和协作管理,并及时地将教学中出现的问题解决,保证教学工作顺利开展,使学校里面的各种日常的教学事项能够顺利合理地运行。

---

〔1〕 华芝誉:《“互联网+”时代下高校教学秘书管理工作创新研究》,载《大众标准化》2021年第17期。

（四）教学秘书是教学服务中的教育者

教学秘书在教学工作中具有积极负责任的态度，他们掌握着一定的专业知识，具有一定的外语水平以及语言表达能力，并且具备相应的社交能力。在思想教育上，他们秉持着为教育负责为学生负责的原则，具有一定的素质，这样的工作态度，能够在教学管理中对学生起到潜移默化的影响，能够为学生创造良好的学习氛围。因此，教学秘书对学生也会起到一定的引导作用，是教学服务中的教育者[1]。

二、高校教学秘书的发展路径

随着国家对教育的重视，教育改革逐渐完善，对高校中的教学秘书这一类教育管理人员要求明显提高，对教学秘书的专业能力、思想以及工作态度都提出了全新的要求，他们在教学工作中不仅要掌握专业的工作技能，在思想和业务知识方面也需要与时俱进，他们的工作方法及其职业素养都将会影响学校教学管理的质量和效率。特别是随着现代化高校教育改革的不断深入，对于教学秘书的发展也提出了新的要求。

（一）提高教学秘书的职业素养

在现在的教学工作中，很多的教学秘书从业工作者对自身的职业发展路径认知是片面的，对自己工作的重视度也不够，没有及时地认识到自己本身在教学日常管理中所起到的重要作用，在思想意识上也没有及时转变，甚至认为教学秘书的工作只需要简单的收发文件或者是配合领导工作，不需要去动脑筋，只是简单的、固定的、统一的、机械性的事务性劳动。在某些方面，如职业管理培训、人员分配、教师评价、学生学籍管理中，教学秘书的专业能力远远不够。一些高校也没有对教学秘书的工作提出政策激励，使得他们在工资待遇和评奖方面都没有得到更好的保障，从而形成工作懈怠。所以在教学工作中，需要明晰教学秘书的职业能力和教学管理中的角色定位，在工作过程中，教学秘书要具备专业的知识技能，

---

〔1〕　徐燕茹：《试论"互联网+"时代高校教学秘书创新管理服务》，载《文教资料》2021年第2期。

并且思想上一定要坚持教育与时俱进，提升自己的专业素养。在工作的过程中能够熟练地使用 Word、Excel 等一系列基本办公软件，并且对学校信息的传达要保证及时、有效，在管理工作中要不断地提高自己的工作效率与工作质量。作为教学管理工作中的主要人员，要掌握专业的业务知识，并了解学校的管理部门里面所包含的管理工作内容，比如每个专业制订人才培养目标，教师分配等，在管理中不断地更新知识体系，对学校教学秘书工作做到认真负责。

（二）加强培训，完善教学秘书队伍

教学秘书在工作中的压力是非常大的，事务繁多和工作量大，导致他们的专业队伍并不稳定，他们不仅要处理好教学事务中的常规教学事务，还要协调各个院系各个部门以及领导之间的关系，教学过程当中的每一个环节每一个步骤，他们都要清楚明晰，不然稍有错误就可能导致教学事故的发生，教学秩序不能够顺利进行。另外，在实际的教学管理工作中，很多教学事务工作都是需要领导授权，工作任务协调的过程中，很难取得全部人的尊重、理解和支持，这就使得教学秘书的精神压力非常大，从而出现内心不平衡的现象，离职率增加。所以在教学管理中，学校要重视对教学秘书从业者的培训，并且制定一系列的奖励考核机制，把教学秘书这种有思想有知识的人转化为主动型。尤其是面对教学秘书精神压力大这种问题，学校就可以组织一些有趣的教学活动来释放教学秘书的情绪〔1〕。高校的教学管理可以根据教育需要，加强对教学秘书的职业培训和业务训练，不断地提高教学秘书的专业水平。在教学秘书的考核中，可以制定一些有效的奖励措施来提高教学秘书的工作积极性，不断地拓展扩大高校教学秘书工作的队伍，这样也能够有效地保证学校教学管理工作的顺利开展，能够保证学校教学秩序的顺利进行。

（三）强化教学秘书科研和创新能力

在教学工作中，教学秘书是连接领导、教师和整个学校的教学工作顺利开展的纽带。教学秘书在工作中依据领导和学校下发的通知文件，对教

---

〔1〕 封珏：《高校教学秘书管理服务育人路径研究》，载《决策探索（下）》2020 年第 10 期。

师和学生进行服务，缺少一定的创新意识和工作活力。在教学管理工作中，即使能够及时获得最新的教育资料，但大部分从业者并没有主动利用取得的教学资料进行科研成果研究，及时提升自身的创新意识和创新精神，所以学校要尽可能地注重对教学秘书科研精神的培养。加强教学秘书创新意识的培养，提升他们工作的能力，学校可以组织一些教学管理交流活动、会议、培训，积极地鼓励并提供相应支持，刺激教学秘书参加管理进修，增强他们的教学管理能力，逐渐更新其思想观念及创新思维，使之更符合高校教师及高校领导之间关系协调的教学管理模式。

（四）加强教学秘书的交流和综合素质提高

高校的教学管理发展过程中，教学秘书与学校领导和教师以及同事之间如果缺乏比较好的沟通方式，会导致学校的教学工作及教学管理任务无法及时有效地完成。另外现在高校中工作的教学秘书综合素质参差不齐，加之缺少进修培训的机会，导致一些从业者专业能力比较低，教学管理理念落后，阻碍了教学秘书专业素养提升[1]。高校教学管理模式是创新的多元化的管理模式，所以要加强教学秘书间的交流学习，提升各部门之间的工作协调沟通能力，能够将教学管理工作过程中出现的问题，及时反馈并提出解决方案。可以创建一些新的沟通交流模式，比如教学秘书可以创建一些即时通信群组，一方面能够有效及时地将高等教育文件、教育措施及时反馈到群里面，让教师明晰教育政策变化，并及时地完成要求的教学任务，另一方面可以邀请各方专业人士加入群组，相应的组织管理培训并让教学秘书积极地参加，提高自身的综合素质，不断地适应现代教学管理理念的发展。

三、小结

在上面文章的研究中，我们已经了解到教学秘书在高校教学管理中的重要作用，教学秘书工作的顺利开展及其管理思想的创新，对高校教学工

[1] 李志博、徐建伟、赵志明：《新时代高校教学秘书的工作现状及提升路径》，载《教育教学论坛》2020 年第 38 期。

作中的教学服务以及日常管理都有积极的促进作用，教学秘书与学校各部门之间的协调合作，能够有效提升学校教学质量，可以更好地为学校的教学事业服务，有效地促进学校的教学改革。

远程教学中"人文关怀"的思考 *

——以加州大学圣巴巴拉分校（UCSB）为例

刘　艳**

引　言

　　"来势汹汹"的新冠肺炎疫情迅速席卷全球多国，对教育行业带来巨大的冲击。2020 年 4 月 2 日，联合国教科文组织发布的数据显示新冠肺炎疫情导致全球 172 个国家全国范围内停课，受影响学生人数多达 14.8 亿，占全球在校学生总数的 84.8%，[1] 受影响学生的人数达到了当年的峰值。2020 年 1 月 27 日，教育部发布《关于 2020 年春季学期延期开学的通知》，[2] 要求各级学校适当推迟春季学期的开学时间。在这艰难的时期，"停课不停教、停课不停学"成为教育界的"Hashtag"，网络化远程在线教学"应运而发展"，以确保疫情防控期间教育的连续性，最大限度减少疫情对学生学业的影响。"远程教学是在教与学时空相对

　　* 本文受中国政法大学人文社会科学研究项目"从通用英语向学术英语的转型研究"资助（项目编号：14ZFG74001）。

　　** 刘艳，中国政法大学外国语学院副教授，研究方向为英语教学、法律语言学。

〔1〕 《新冠肺炎疫情对教育的影响》，载联合国科教文组织官网：https://zh. unesco. org/covid19/educationresponse。

〔2〕 《关于 2020 年春季学期延期开学的通知》，载教育部官网：http://www. moe. gov. cn/jyb_xwfb/ gzdt_ gzdt/s5987/202001/t20200127_416672. html。

分离的状态下，借助媒体的交互实现教与学再度整合的一种教育形式。"[1]
教育从来都是人与人之间知识传递、情感沟通的纽带，人文主义也认为教
学是一种人与人的情意交流活动。然而，在远程教学情景之下，教学的开
放性、学习的独立性、学习资源的丰富性反而在一定程度上淡化了教师所
应发挥的作用，减少了师生间面对面的知识传授和情感交流，网络教学所
具有的优势给新的教学模式带来了一定的挑战和冲击。传统教学情景下的
"人—人"的关系转变为"人—机"的关系，面对"冷冰冰"且"面无表
情"的电脑屏幕，教师如何在教学过程中体现不"冷冰冰"且"温情脉
脉"的人文关怀，这是一个亟待思考的问题。

本文以加州大学圣巴巴拉分校（UCSB）教育学院所开设的"社会文
化学理论基础"为研究对象，试图思考教师在远程教学过程中所应营造的
人文氛围，给远程之外的学生以人性化的关怀。面对新教学情景下的挑战
和冲击，纵使中美两国国情文化不同，行为方式不同，但有一点是共通
的，即促成"教与学"的"极致"发生，教得"淋漓"，学得"尽致"。

一、"远程"的课程——加州大学圣巴巴拉分校的"社会文化学理论基础"

2020 年 3 月 10 日，加州大学圣巴巴拉分校校长 Henry T. Yang 给全校
师生发来邮件，宣布冬季学期剩余时间和春季学期的开始阶段过渡到远程
授课，以应对日益严峻的新冠疫情。彼时，笔者正在加州大学圣巴巴拉分
校进行为期一年的学术访问，虽然教学模式的调整令人"猝不及防"，却
也带来了全新的体验，触发了深刻的思考。

Charles Bazerman 教授是笔者此次学术访问的联系导师，Bazerman 教授
是加州大学圣巴巴拉分校教育学院的终身教授，北美新修辞学派代表人物
之一，世界写作学会发起人，美国写作研究的先驱和大师。一直期待着大
师授课，却如此"机缘巧合"的无法近距离感受大师气息和学研氛围。遗

---

[1]　杨玉辉等：《基于虚拟现实的远程教学空间的创建与应用——以哈佛大学与浙江大学的跨国 VR 远程教学为例》，载《现代教育技术》2019 年第 11 期，第 87~93 页。

憾之余，却也期待着与大师的"远景"——远程授课的开启。

Bazerman 教授的一门课程为"社会文化学理论基础"（Foundations of Sociocultural Learning Theory），这是面向研究生开放的一门选修课，旨在深入了解二十世纪初苏联和美国的两个平行的传统——列夫·维果茨基（Lev Vygotsky）的社会文化学派和以约翰·杜威（John Dewey）为中心的实用主义传统。同时，该课程也致力于探讨如何将两派思想应用于各种教学情境之中。课程持续 10 周，每周 1 次，每次 2 小时 50 分钟。学生的期末评定以中期论文和期末论文为主，同时参考课前提问、课中讨论、课后反思及个人陈述的表现。

二、"远程"的案例——时空分离的师生

（一）"远程"的调研——学生的需求

"社会文化学理论基础"这门课定于 4 月 2 日，春季学期的第 2 周开课。3 月 20 日，Bazerman 教授发来邮件，希望选课的研究生们回答一些调研问题，以利于他们能够更加有效和充分地参与到课程学习中。Bazerman 教授的调研非常细致，首先了解学生的学习环境，目前所居住的地点、是否能够全程参与课程、是否可以确保安静且有充分隐私的电讯会议。远程教学中，技术极为关键，因此，互联网的带宽及稳定性、远程上课的设备（台式机、笔记本电脑、平板电脑、智能手机）及数量（以确保文本阅读和电讯会议可以同时进行）也需要说明。远程教学中，即时的电讯会议仅是授课的一部分，非即时的沟通与交流是其必要且重要的补充，共同构成远程的教与学。因此，学生常用的软件和应用被调研，如论坛、博客、维基、谷歌文档、Zoom、Facetime、Skype、WhatsApp 等。为获得更为全面的信息，Bazerman 请学生补充"未尽事项"，以便创造更适宜和周到的远程学习环境和条件。

（二）远程的平台——沟通的纽带

GauchoSpace 是加州大学圣巴巴拉分校基于模块化对象导向动态学习情景（Modular Object-Oriented Dynamic Learning Environment）平台创设的学习管理系统，主要用于教师创建课程、上传教学材料、发布通知、公布

成绩、与学生交流等，是教师与学生双向沟通的重要渠道。该平台的各种功能可以实现动态模块化管理，教师可以灵活安装或卸载各教学功能模块，也可以任意指定其显示的位置，甚至可以灵活地移动、关闭或修改。GaochoSpace 良好的开放性可以满足用户的各种使用需求，师生相互协作，根据既有经验共同建构知识，充分体现了建构主义教育理论的指导思想。以 Bazerman 教授的这门课程为例，学生输入用户名和密码登录之后，便会发现所选的这门课程已经显示在 GauchoSpace 的主界面，如图 1 所示：

ED 210E - SOCIOCULTRL THEORY - Spring 2020

图 1　课程名

点击进入课程，页面会显示几大模块及其相应的信息。首先是课程简介，明确教学内容和教学目标；其次是学生需要参与的具体活动，例如认领个人展示的任务、每周课前的阅读及提问、课后论坛的反思与讨论，以及中期论文、期末论文和反思论文的要求。占据主页面最大空间的是每周的教学安排，以第一周的教学安排为例，Bazerman 教授布置必读文章和选读文章、相关的音频和视频以及文章和音视频所对应的链接，如下图 2 所示：

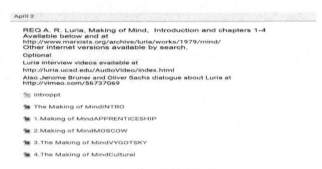

图 2　第一周教学安排

学生可以一览连续十周的教学安排，对整个课程的流程、节奏和学习内容了然于胸。

最为体现交互性特征的是课前阅读及讨论模块（Pre-Class Passages for

Discussion）和分组论坛模块（Forum-Group 1/2/3）。每周上课前，学生需要就所指定的阅读任务进行评论、提出疑问和困惑、分享兴趣点。Bazerman 教授将根据以上的分享安排授课内容，如下图 3 所示：

			10:13 AM
The importance of psychology for teachers	Talitha Buscho	1	Talitha Buschor Tue, May 19, 2020, 9:31 AM
Learn by doing and stimulation	Jennife Amadoı	0	Jennifer Amador Thu, May 14, 2020, 12:35 AM
Habits of the will, page 67	Estefan Pihen Gonzale	0	Estefania Pihen Gonzalez Wed, May 13, 2020, 3:53 PM
James-Pragmatism's Conception of Truth	Talitha Buscho	0	Talitha Buschor Tue, May 12, 2020, 12:59 PM
James on Plasticity	Matthe Shackle	0	Matthew Shackley Mon, May 11, 2020, 10:21 PM
Thought and Word	Damari Hernan	0	Damaris Hernandez Wed, May 6, 2020, 10:30 PM
From Thought and Language	Samant Harris	0	Samantha Harris Wed, May 6, 2020, 7:01 PM

图 3　课前阅读及讨论模块

以上为第一周课的课前讨论，可以非常清晰地看到每位学生的兴趣点以及“高频”话题。在分组讨论模块，所有学生被分为 3 组，在每周的授课结束后根据课堂上的内容进行深入的思考和探讨，Bazerman 教授会对讨论话题进行引导，以确保主体的方向，这一安排是课堂学习的延长和延“深”。讨论的分组如下图 4 所示：

- Forum--Group 1--Jennifer, Matthew, Jesus, Meghan
- Forum Group 2--Sami, Sam, Wen, Sunny
- Forum--Group 3--Tali, Estefania, Damaris, Daniela

图 4　分组论坛模块

每周的课程结束后，Bazerman 教授会在 GauchoSpace 上传即时课程，即电讯会议的视频、音频及文字版，以方便因故不能上课的学生有机会"补课"，同时，不同模态的"课程记录"也可以满足学生不同的需求。

（三）远程的课程——即时 Zoom 电讯会议

基于课前的信息调研，Bazerman 教授确定 Zoom 为远程电讯会议的软件。每周课程的流程大体一致。简短问候、了解近况之后，Bazerman 教授介绍了本次课程的主题，引入相关的背景、概念和相应领域内的代表性人物，随后就课前阅读及讨论模块中所分享的话题发起讨论，"发布者"可以解释文字版中的"模糊性"信息，补充说明"遗漏性"信息，增加新的"灵感性"信息，Bazerman 教授再据此反馈并拓展，并且明确下一阶段关注并讨论的更为具体的话题。在下一阶段，学生们将进入分组讨论（breakout room），根据 Bazerman 教授所提出的话题小范围内交流。分组讨论的益处在于每个学生都有机会发言，也都"逃不过"发言，小小的群体也更利于"畅所欲言"，而没有"胆怯"之心。Bazerman 教授也会依次出现在各个"聊天室"，静静聆听或者出言加入讨论。在最后一个阶段，学生们回归"大班"，每组汇报讨论成果，Bazerman 教授总结，结束本次的课程。在远程课程中，"即时"的特质非常明显，从宽泛到具体，从"表面"到深入，从大群体到小组织，再回归到大群体，远程的课程可以重现传统课堂教学的组织安排，参与性和互动性体现得淋漓尽致。投入性甚至更高，摄像头下，一切"无所遁形"，乖乖认真听课是才"王道"，分组讨论中，教师会"不期而入"，积极发言才不至成为被"心虚"的"隐身人"。

三、"远程"之外的思考

突如其来的新冠肺炎疫情极大冲击了传统的教学模式，教学模式的"不得不"转变也成为新的契机，推动了远程教学的实践步伐。新形势下如何有效促进学生的远程学习、实现教与学最大程度的融合、体现人文关怀，这是一个极为有意义且值得深入思考的议题。

（一）"需求分析"至关重要——人文关怀的起点

建构主义学习理论认为，"学习是学习者在一定的情境中借助教师和其他学习者的帮助并依据自己的经验进行意义建构的结果"。[1]建构主义理论强调"以学生为中心",学生应成为自主学习的主体和知识的主动建构者。要真正以学生为中心,首先要分析学生的需求,其中包括学生的情感需求和学习需求。

教育领域的需求往往与心理相关,在学习过程中,学生容易感受到某种缺失或者不平衡。在特殊情景下,这种缺失或者不平衡表现尤甚,是教师理应关注的问题。以远程教学为例,学生的生活状况、网络接入条件、电子设备状况等信息都应成为预开课阶段的调研内容。一方面,若学生遭遇到以上困难,政府、学校、企业等应多方联动,共同解决网络、终端、工具等远程学习条件不足的现实困难;另一方面,针对远程学习困难的学生家庭,"学校及教育管理者可通过网络、电话等途径为家长和学生提供适当的在线教学工具安装及使用培训,为学生的居家学习提供服务与帮助"。[2]学校也可借此疫情之机,顺势升级改造本校在线学习平台和视频会议等直播系统,为今后的远程教学/混合教学的常态化做好准备、打下基础。"基础条件"无忧之后,学生学习的积极性和主动性将得以充分的调动。

情感需求得以满足,学习需求必将"浮上"日程。学生希望从课堂中获取什么知识信息,学生高度关注的"信息点"是什么,这也是教师应当关注的问题。单一且绝对的"教材本位"必然会带来"曲高和寡"。在开课初始明确课程总体的教学目标、教学内容、周教学安排、学期整体教学安排、考核要求,以方便学生长远及阶段性应对;课前布置明确的预习任务,促进学生初步完成对所学知识的意义构建,搭建初步的知识框架;鼓励甚至"强迫"学生"留痕",带着"问题"步入"直播间",教师便可据此安排授课内容,尤其关注学生"留痕"的兴趣点,聚焦"问题"、答疑解惑;课后布置有针对性的延续性任务,深入拓展研究话题,进行反思。这一系列看似随意的教学安排,背后蕴藏着教师的"传道授业解惑"

---

〔1〕 冯晓英等:《"互联网+"时代的混合式学习:学习理论与教法学基础》,载《中国远程教育》2019年第2期,第7~16页,第92页。

〔2〕 吴砥等:《大规模长周期在线教学对师生信息素养的挑战与提升策略》,载《电化教育研究》2020年第5期,第12~17页,第26页。

之良苦用心，彰显出对学生学习需求全程的关注。由此看来，需求分析处于动态变化之中，远程教学情景下的需求分析尤甚，教学过程中重点着眼于每位学生的兴趣点以及"高频问题"，必将有利于驱动学生的主观能动性和提升学生学习的体验感，适宜而周到的远程学习环境得以被创建。

（二）"联系的纽带"不可少——"友好型"远程教学平台

"联系的纽带"指在线课程开设的平台。远程教学情景下，教学平台的"友好性"尤为重要。首先，远程教学平台应具备支持自主式、引领式、讨论式三种主流类型课程的能力。自主式课程着眼于学生的自主学习，推动学生主动探索课程内容、检索相关学习资源、整理和归纳相关课程信息；引领式和讨论式主要体现在即时教学中，在即时授课阶段，教师是引领者，对讨论话题进行引导，以确保授课的主体方向。同时，教师设计、组织学生的学习活动、开展各种形式和规模的讨论，致力于促进和促成学生的知识构建。远程教学情景下往往是自主式、引领式、讨论式三种类型课程的融合，共同促进"学生主体性"的凸显，形成以学生主动思考、质疑、探索为基础的师生互动、生生互动为基本教学方式。

其次，远程教学平台应具备动态模块化功能设计。我国远程教学平台的来源主要有三种："① 国家教育资源公共服务平台、各省及地方资源公共服务平台；② 各级教育主管部门有针对性地整理可以开放使用的网络资源平台，引导学校根据需要选用；③ 教育机构自发开展的资源与平台捐赠"。[1]多数远程教学平台支持讨论、笔记、聊天、测试、调查等多种教学模块。教师往往通过平台在线备课、布置作业、测试、批阅、发布资源等课程管理操作；学生则通过平台完成作业、测试、讨论等课程任务。除了以上的常规操作，远程教学平台应更具灵活性和动态性以满足师生多向的需求。例如，基于课程性质和教学目的，教师可以设定某些特定教学模块所显示的位置，可以移动、关闭或修改某些教学模块。更为重要的是，教师可以灵活组合特定模块开展教学，以满足不同课程的特定需求，实现

---

[1] 王冬冬等：《停课不停学"时期的在线教学研究——基于全国范围内的33240份网络问卷调研》，载《现代教育技术》2020年第3期，第12~18页。

教学模块的动态化管理。

最后，在线教学平台应支持每门课程设有独立的资源存储空间，该空间便于教师提供辅助性学习资料，以供学生进行拓展性、自主性、个性化学习，如文本、音频、视频、知识点网络链接、微课等多模态学习支持资源。教师还可在此空间储备"应急方案"，将即时上课的音频或者视频备份、课件分享给学生，以方便因故不能及时听课的学生有"补课"的机会和条件。充满爱意和人性化的举措是最原始和最强大的学习推动力。

如果多媒体和网络技术能提供开放性、多功能性、资源和活动多样性的交互式学习环境，那么，在远程教学平台图文声像并茂的多种感官综合"刺激"助攻之下，学生的学习兴趣、即时学习和协作学习都将得到促进和提升，这对所学知识的意义构建是非常有益的，也是其它教学情境无法比拟的。

(三) 互动不可缺——以"学习者"为中心的协作学习

建构主义学习理论认为，教学活动应当以学生为中心，学生是信息加工的主体，是知识结构的主动建构者。学生通过协作、讨论、交流、互相帮助并借助丰富的网络信息资源主动地汲取。教师并不是"跟在学习者思路后面的追随者，而是要基于学生的反应采取具有引导和促进作用的、积极的教学策略"，[1]而"学生则可以带着一种积极要求了解问题、解决问题的强烈愿望与心情，用探究的方法和意义构建的方式自主参与学习，从而达到解决疑问，掌握相应的知识与能力的目的"。[2]因此，"互动"成为远程教学的最重要组成部分。Berge 也认为互动应该成为网络课程设计的必要元素，并进一步提出"互动不仅仅需要发生，必须在教学计划中做特别的设计"。[3]

以学习者为中心的互动应体现在教学安排的每一个步骤。学生与教师

---

〔1〕 张伟、沈瑞珠:《自主式学习的网络课程设计探讨》，载《教育理论与实践》2002 年第 10 期，第 51~54 页。

〔2〕 张伟、沈瑞珠:《自主式学习的网络课程设计探讨》，载《教育理论与实践》2002 年第 10 期，第 51~54 页。

〔3〕 Berge, Z. L., "Interaction in post-secondary web-based learning", *Educational Technology* 39, 1999, pp. 5-11.

可以在各个"时空"相遇，即时的授课中、即时的分组讨论中、即时的大班讨论中、平台的各个论坛中，每一步都要体现出学生与教师的交流与沟通。即时授课中，师生互动、生生互动应成为远程授课的常态。教师直接面向全体学生提问，以初始问题为导引，引导学习者针对话题发表个人观点、见解和解决方案，能实现探究过程的共享和知识的建构；[1]聚焦基于课前"调研"所"凝结而成"的（高频）话题，吸引学生就复杂话题进行讨论磋商，借此培养学习者的分析、应用和评估等高阶思维能力；[2]鼓励学生与同伴互动，通过协商确定"议题"的最佳解决方案。在这一系列的教学讨论环节中，教师承担组织者、研究者、专家等多种角色，致力于有效提升学生远程的学习体验；分组讨论中，学生依次"畅所欲言"，热烈"交锋"，选派代表阐述小组意见，教师综合各小组意见，进行话题总结和知识梳理，形成知识体系的建构。教师也可进一步追问争议性和引申性话题，学生自由回答，以互动交流式的讨论完成对话题知识的挖掘，促成学生对知识的深入理解和掌握。即使是远程授课，学生的参与性、师生和生生的互动性也可以体现的淋漓尽致；非即时的互动往往通过发帖和回帖的方式在论坛空间中进行，沟通模式由同步变为异步，交互时空得以拓展，提高了有效协作学习所预期的交互模式的发生概率。[3]教师可以设置"课前预习及讨论模块"，要求学生完成一定的预习任务，并就预习任务进行相关的评述和讨论，提出自己的困惑"吸引"教师的关注。教师也可以设置"分组讨论"模块，小范围分组的益处在于每个学生都可以，也"不得不"成为"焦点"，小组讨论也尤其适宜于反思性、复杂性问题的沟通，如此这般，话题的讨论将更加有序且富于建设性。教师可以加入论坛的讨论中，为之后即时课程讲授的兴趣点、重点、难点打下"伏笔"，成为即时授课的主线。通过这样的论坛协作学习环境，学习者群体（包括教

---

〔1〕 Harrington, Helen L. and Garrison, James W., "Cases as shared inquiry: A dialogical model of teacher preparation", *American Educational Research Journal* 29, 1992, pp. 715~735.

〔2〕 Moore, J., "Teaching by discussion: Dangers and opportunities", in D. Enerson et al. eds., *The Penn State Teacher II: Learning to Teach, Teaching to Learn*, University Park, 1997, pp. 42~53.

〔3〕 龚嵘：《大学英语论坛协作学习行为的多元动态解释模型构建》，载《中国电化教育》2012年第5期，第44~48页，第53页。

师和每位学生）的思维与智慧就可以被整个群体所共享，在论坛这样一个公共空间进行问题求解和推理决策的公开展示能够实现"共享探究"活动，[1]从而促进学习者间的交流互动和知识构建。

远程教学环境中多样化的交流讨论工具以及更为客观和反思性的教学方式有助于促进交流和协作。即时的授课中、即时的分组讨论中、即时的大班讨论中、平台的各个论坛中，教师成为"推手"，在各个阶段努力推动学生学习、分享和反思，学生并不"远观"，而是置身于课程之中，置身于课程的每一个设计之中。这所有的"以学生为本"都是为了确保课程，尤其是远程课程，得以顺利而有效的进行。

结　语

2020 年初以来的新冠肺炎疫情大大推动了中国高等教育在线教学的实践步伐，加快了中国乃至全球高等教育教学变革的趋势。远程教学利用互联网技术，以网络学习资源、工具、平台、空间为依托，突破时间和空间的限制，是实现师生异地教学的一种最经济、最可行的新型教学形态，在学习情景创设、多用户协同、人机交互等方面具有得天独厚的优势。在技术如此丰富的教学情境之下，教师需要在"迷人眼"中思考柏拉图的终极三问：我是谁？我从哪里来？要到哪里去？在教育过程中，人是教育的核心所在，也是教育的目的所在；人是教育的出发点，也是教育的归宿。一切教育皆以人为本，这是现代教育的基本要求，远程教育也不能"免俗"。教师教学的焦点永远是"教"和"学"，而不是科技本身，科技仅是教与学的媒介，如何运用日益涌现的"高科技"，如何为学生提供更多同步或异步的学习体验，如何"以人为本"，这是一个值得不断探索的课题。

---

〔1〕 Harrington, Helen L. and Garrison, James W., "Cases as shared inquiry: A dialogical model of teacher preparation", *American Educational Research Journal* 29, 1992, pp. 715-735.